MW01708508

taï chi chuan

太

極

拳

James Kou

avec la collaboration d'Éric Yiou

taï chi chuan

Photographies de Jean-François Chavanne

MARABOUT

sommaire

Introduction 7

L'art du taï chi chuan 9
D'où vient le taï chi chuan ? 10
Le corps et l'esprit 12
Questions / Réponses 14

Première partie 17

1-Phase préparatoire 18
2-Le commencement du taï chi chuan 19
3-Saisissez la queue de l'oiseau 20
4-Le simple fouet 24
5-Les mains levées 26
6-La grue blanche déploie ses ailes 28
7-Brossez le genou gauche et avancez d'un pas 30
8-Jouez du pipa ou de la guitare 31
9-Brossez les genoux et avancez d'un pas 32
10-Jouez du pipa ou de la guitare 36
11-Brossez le genou gauche et avancez d'un pas 37
12-Pas en avant et coup de poing 38
13-Fermeture apparente 40
14-Croisez les mains 41

Deuxième partie 43

15-Emportez le tigre dans la montagne 44
16-Le poing sous le coude 48
17-Reculez en repoussant le singe 52
18-Le vol en diagonale 56
19-Les mains levées 57
20-La grue blanche déploie ses ailes 58
21-Brossez le genou gauche et avancez d'un pas 59
22-L'aiguille au fond de la mer 60
23-Comme un éventail 61
24-Tournez le corps, fermez le poing droit 62
25-Pas en avant et coup de poing 64
26-Avancez d'un pas et saisissez la queue de l'oiseau 66
27-Le simple fouet 70
28-Mouvoir les mains comme les nuages 72
29-Le simple fouet 74
30-Flattez l'encolure du cheval 75
31-Séparez les pieds 76
32-Tournez et donnez un coup de talon 80
33-Brossez les genoux et avancez d'un pas 82
34-Un pas en avant et un coup de poing vers le sol 84
35-Se retourner et donner un coup de poing 85
36-Pas en avant et coups de poing 86
37-Donnez un coup de talon du pied droit 88
38-Frappez le tigre à gauche 89
39-Frappez le tigre à droite 90
40-Tournez et donnez un coup de talon du pied droit 91
41-Frappez les oreilles de l'adversaire avec les poings 92
42-Donnez un coup de talon du pied gauche 93
43-Se retourner et donner un coup de talon du pied droit 94

44-Pas en avant et coup de poing 95
45-Fermeture apparente 96
46-Croisez les mains 97

Troisième partie 99

47-Emportez le tigre dans la montagne 100
48-Le simple fouet oblique 104
49-Séparez la crinière du cheval sauvage 106
50-Saisissez la queue de l'oiseau 108
51-Le simple fouet 112
52-La fille de Jade tisse et lance ses navettes aux quatre coins de l'horizon 114
53-Saisissez la queue de l'oiseau 120
54-Le simple fouet 124
55-Mouvoir les mains comme les nuages 126
56-Le simple fouet 128
57-Le serpent qui rampe 129
58-Le faisan doré sur une patte 130
59-Reculez en repoussant le singe 132
60-Le vol en diagonale 136
61-Les mains levées 137
62-La grue blanche déploie ses ailes 138
63-Brossez le genou gauche et avancez d'un pas 139
64-L'aiguille au fond de la mer 140
65-Comme un éventail 141
66-Le serpent blanc darde sa langue 142
67-Pas en avant et coup de poing 144
68-Avancez d'un pas et saisissez la queue de l'oiseau 146
69-Le simple fouet 150

70-Mouvoir les mains comme les nuages 152
71-Le simple fouet 154
72-Flattez l'encolure du cheval et la main qui transperce 155
73-Tournez et croisez les jambes 156
74-Avancez d'un pas et donnez un coup de poing vers le bas 157
75-Avancez d'un pas et saisissez la queue de l'oiseau 158
76-Le simple fouet 162
77-Le serpent qui rampe 164
78-Allez vers les sept étoiles 165
79-Reculez pour chevaucher le tigre 166
80-Tournez et tapez le pied 168
81-Tirez à l'arc sur le tigre 169
82-Pas en avant et coup de poing 170
83-Fermeture apparente 172
84-Croisez les mains 174
85-Phase finale et retour au point de départ 175

INTRODUCTION

L'art du taï chi chuan

Entrelacement parfait entre formes dynamiques et mouvements calmes, le taï chi chuan ne peut s'improviser mais doit s'apprendre et s'exercer. Une fois les principes et les techniques de cet art du mouvement bien assimilés, ses bienfaits se font sentir et permettent de découvrir en soi un sens nouveau de l'harmonie et de l'équilibre que les Chinois nomment « le Tao ».

Le mouvement, c'est la vie

Toute vie est mouvement, tout ce qui est animé est en mouvement.
Rien de ce qui est immobile ne vit : l'eau stagnante meurt, seule vit l'eau courante, l'eau vive. Il en est de même pour notre corps : pour qu'il vive véritablement, il ne doit être ni immobile ni stagnant.
Or, certaines parties immobiles ou stagnantes de notre corps, depuis toujours ou très longtemps inemployées, s'amoindrissent faute d'être sollicitées et utilisées, affaiblissent notre corps et diminuent sa vigueur physique mais aussi ses facultés intellectuelles et mentales ; elles gênent la circulation de l'énergie et rompent l'harmonie. Aussi, le mouvement se révèle-t-il indispensable pour la vie et l'épanouissement de tout notre être.
Mais il ne s'agit pas d'une activité mécanique ; pour que le mouvement nous révèle à nous-mêmes, il faut que nous soyons conscients de la manière dont il se fait ou ne se fait pas.
C'est un des aspects essentiels du taï chi chuan qui met précisément l'accent sur l'importance de la concentration, indispensable pendant l'exécution de tous les mouvements.
Le mouvement d'une partie du corps doit être vécu par le corps entier : « Lorsqu'un membre est en mouvement, tout le corps est en mouvement », répètent inlassablement les vieux maîtres de taï chi chuan. Son unité est faite de la simultanéité de ses mouvements complémentaires.
On retrouve ici le fondement de la philosophie chinoise : l'existence de deux forces en mouvement, à la fois opposées et complémentaires : la nuit et le jour, la Lune et le Soleil, la douceur et la force, l'élément féminin et l'élément masculin, le Yin et le Yang. L'un ne peut se passer de l'autre et aucun ne doit dominer l'autre.
Forces négatives et positives de la vie, elles s'expriment par le mouvement et le jeu équilibrant de l'une et de l'autre.
L'homme doit être en équilibre entre ces deux forces. C'est là le but recherché et atteint par le taï chi chuan qui facilite la circulation de l'énergie et permet l'équilibre des deux forces de notre corps afin que notre être entier parvienne à trouver son harmonie.

D'où vient le taï chi chuan ?

Le taï chi chuan n'est pas l'œuvre d'un seul homme. Il est le résultat du long travail des siècles, procédant par transitions presque insensibles avant d'aboutir à sa forme actuelle.

L'importance du corps

Depuis toujours, le peuple chinois accorde au corps une très grande importance. Déjà, dans la haute Antiquité, l'empereur mythique Fou-Hsi, premier philosophe-roi auquel on attribue l'invention du feu et celle des Pa-Kua (huit trigrammes), aurait ordonné la création de la Grande Danse pour développer la santé de ses sujets. Vers le IVe siècle avant J.-C., Tsang-Tseu, un disciple de Lao-Tseu, parle de techniques d'assouplissement qui s'inspirent de l'imitation de l'ours et de l'oiseau. Plus tard, vers la fin du IIe siècle de notre ère, le médecin impérial Hwa-Do écrit : « Pour garder le corps en bonne forme, étirez la taille, remuez le corps, travaillez les articulations, et faites ainsi reculer le vieillissement.» Pour atteindre ce but, Hwa-Do reprend et complète l'idée de Tsang-Tseu en inventant le « jeu des cinq animaux », c'est-à-dire l'imitation de l'ours, du tigre, du daim, du singe et de l'oiseau. Ce jeu peut être considéré comme le tronc commun de toutes les techniques de combat à mains nues qui se sont succédé de Hwa-Do jusqu'à nos jours.
Au cours des siècles, de nombreuses méthodes créées par le peuple chinois se sont répandues dans tout le Sud-Est asiatique, donnant lieu à une floraison abondante de ce que l'on nomme en général « les arts martiaux extrême-orientaux ».

L'école Shao-Lin

Parmi toutes les techniques de combat à mains nues, une place prépondérante est donnée en Chine à celle de l'école Shao-Lin, qui tire son nom du temple bouddhiste Shao-Lin, littéralement « le temple de la Jeune Forêt », situé près de Lo-Yang, capitale de la Chine pendant plus de dix siècles.
On attribue à Bodhidharma la création du Shao-Lin chuan, une technique de boxe. Le mot chuan fut d'abord synonyme de « boxe » ou « combat fait à mains nues », avec le poing fermé. Le terme chuan, « poing », est en Chine le symbole de la force ; il implique l'idée de courage et de puissance. On raconte que, grâce au Shao-Lin chuan, les moines du temple portaient secours à ceux qui étaient attaqués par les bandits et apaisaient les rébellions. Malgré ses évolutions et ses variations selon les écoles, on parle toujours officiellement de 5 techniques : « le Dragon », « le Tigre », « le Léopard », « le Serpent » et « la Grue blanche ».
L'école Shao-Lin chuan a régné en Chine pendant des siècles de façon incontestée. Elle garde encore des adeptes en Occident sous la forme du kung-fu, et en Chine populaire on la pratique toujours sous le nom de « longue boxe ». Avec le temps et les progrès techniques, on vit lentement apparaître, en réaction à l'école Shao-Lin qui proclamait la suprématie de la force, une nouvelle méthode à laquelle appartient le taï chi chuan.

Les jalons du taï chi chuan

Sous le règne de la dynastie Song (960-1280), la pensée évolue vers une sorte de synthèse des différents courants spirituels et philo-sophiques : le monisme, c'est-à-dire l'explication de l'univers et de l'homme par un élément unique. L'initiative de ce mouvement philosophique revient à Chou Touen-yi (1017-1073) qui introduit dans le confucianisme la notion du « principe premier », désigné sous le nom de taï chi, littéralement « le faîte suprême », et conçu à la manière du vieux Tao de Lao-Tseu comme l'unité en harmonie avec l'homme et avec l'univers.

Certains récits attribuèrent la paternité du taï chi chuan à un moine taoïste de la fin de la dynastie Song (XIIIe siècle), nommé Chang San-fong. La légende raconte qu'un jour, au cours d'une méditation qui avait duré des heures, il vit un oiseau perché sur un sapin qui fixait d'un regard perçant le sol où un serpent dressait sa tête vers le ciel. L'oiseau descendit vers le serpent pour essayer de l'attaquer. Le serpent se mit à danser joyeusement et se transforma en cercle ! Lorsque Chang San-fong voulut les contempler encore une fois, tous les deux avaient disparu. Chang San-fong comprit que ces ébats représentaient une image. Il y voyait la force et la faiblesse, la concentration et la dispersion de l'énergie, l'ombre et la lumière. C'est ainsi que Chang San-fong inventa le taï chi chuan.

Méthode Chen et méthode Yang

La ville Chen Cha Kua, située dans le district Wen de la province du Ho-Pei, est le berceau du taï chi chuan et son lieu de transmission. En effet, vers le début du XVIIe siècle, un membre de la famille Chen, Chen Wang-tin, homme très cultivé et fort en art militaire, commença à codifier et à composer le premier taï chi chuan, que l'on appelle aujourd'hui « l'ancien taï chi chuan de l'école Chen ». Il était inspiré par un ouvrage très connu, Le Traité des arts martiaux du célèbre général Ch'i Che-kwong (1528-1587), qui avait lui-même puisé ses sources dans les pratiques des masses populaires de l'époque. Parmi ses descendants, Chen Chang-hsiang (1771-1853) transmit à Yang Lou-ch'an (1799-1872) – un fils de paysan qui travaillait chez lui – toute la connaissance de son art. Passé maître à son tour, Yang Lou-ch'an enseigna à Pékin la boxe Chen pendant de nombreuses années, la modifia et la codifia. Peu à peu, la méthode Chen devint la méthode Yang du taï chi chuan.

Ces deux méthodes ne présentent pas entre elles de différences fondamentales.

Les principes en sont les mêmes, seuls l'exécution et le déroulement des séquences apparaissent différents. Enfin, Yang Chen-fou (1883-1936), petit-fils de Yang Lou-ch'an, perfectionna sans cesse la technique transmise par son grand-père et son père. Considéré comme le maître incontesté du taï chi chuan, il voyagea dans toutes les grandes villes de Chine pour l'enseigner et forma plusieurs milliers de disciples.

En 1925, Yang Chen-fou demanda à l'un d'eux de rédiger l'aspect théorique du taï chi chuan. Six ans plus tard, il demanda à un autre de rédiger un traité pratique, qui contient 76 photos de lui, montrant le déroulement de l'exécution complète des mouvements. Depuis la fondation de la République populaire de Chine en 1949, l'école Yang connaît un nouvel essor.

Le corps et l'esprit

Le taï chi chuan est lié à une philosophie et à une conception du monde qui lui donnent toute sa signification. Il est plus qu'une gymnastique du corps ; c'est une pratique unissant le ciel, la terre, et l'homme. Dans la pensée chinoise, le corps est une unité indissoluble ; prendre conscience de son corps, c'est se donner accès à son être entier.

Agir psychiquement et non physiquement

La base du taï chi chuan est fondée sur la pensée chinoise elle-même : tout dépend dans l'univers de deux principes, opposés et complémentaires – le Yin et le Yang, l'ombre et la lumière, la faiblesse et la vigueur, le féminin et le masculin. C'est la lutte et l'union perpétuelles du Yin et du Yang qui engendrent l'équilibre et l'harmonie qui mènent au Tao.
Pendant l'exercice du taï chi chuan, il importe d'agir psychiquement et non physiquement : l'esprit ne peut jamais en être exclu, il est au contraire l'élément nécessaire et essentiel pour conduire à la concentration indispensable à son exécution.
Tous les mouvements doivent s'exécuter dans un déroulement d'une unité parfaite, proche de la danse, et beaucoup plus subtile et variée qu'une simple gymnastique.
Lorsqu'un membre est en mouvement, tout le corps est en mouvement. Le corps, tout en exécutant un seul mouvement, est physiquement et mentalement sollicité dans toutes les directions à la fois et toutes les dimensions. Car ce qui fait la richesse du taï chi chuan, c'est précisément qu'il est infini, toujours perfectible et capable de s'enrichir et de s'approfondir dans l'exercice du geste et le développement de l'attention, de la concentration et de la disponibilité, pour atteindre une harmonie parfaite parce qu'il fait appel à l'être tout entier.

LA RESPIRATION

Pour les Chinois, la respiration est la fonction vitale par excellence. Pourtant, nous gonflons la cage thoracique et n'expirons pas à fond. Alors que la respiration thoracique fait fonctionner principalement, pour inspirer et expirer l'air, les contractions et décontractions des muscles costaux, la respiration ventrale ou abdominale fait fonctionner principalement les contractions et décontractions du diaphragme. C'est cette respiration abdominale qu'exige le taï chi chuan. Elle est coordonnée aux mouvements exécutés par le corps pendant toute la durée de l'exercice ; il ne faut ni la forcer ni la brusquer mais lui laisser trouver son rythme.

Les bienfaits du taï chi chuan sur la santé

Le peuple chinois, qui pratique quotidiennement cet art séculaire, en connaît d'expérience les effets bénéfiques sur le corps et l'esprit. C'est seulement depuis quelques années que les communautés scientifiques et médicales cherchent à démontrer les effets de la pratique des mouvements lents, gracieux et coordonnés du taï chi chuan sur diverses fonctions organiques et mentales, et ce dans une perspective thérapeutique.

Quel que soit l'angle sous lequel le taï chi chuan est analysé – celui de la physiologie, de la biomécanique, de la psychologie, de la gérontologie, voire de la neurologie –, il apparaît que sa pratique régulière améliore de nombreuses fonctions vitales, parmi lesquelles :

- les fonctions cardiovasculaires et respiratoires (en entraînant une diminution de l'hypertension, une augmentation des capacités respiratoires…) ;
- la force musculaire des membres inférieurs (en effet, les mouvements du taï chi chuan sont pratiqués en posture semi-fléchie) ;
- le contrôle du mouvement des membres supérieurs au cours de tâches manuelles usuelles (les mouvements sont réalisés avec une extrême précision) ;
- l'équilibre postural dynamique et statique le temps de réaction ainsi que la « sensation du mouvement » des membres inférieurs et supérieurs (entraînant notamment une réduction du risque de chute chez les personnes âgées).

Enfin, la pratique du taï chi chuan réduit la nervosité, régule l'humeur et améliore les capacités attentionnelles. Ces effets sont probablement liés au fait que les mouvements doivent être réalisés lentement et avec une grande concentration.

LES 5 POINTS FONDAMENTAUX

1 • Forme circulaire

On appelle souvent le taï chi chuan « la multitude des cercles ». En effet, tous ses mouvements – qui excluent toutes les lignes droites et directes – sont composés d'un nombre infini de cercles, de spirales de toutes dimensions. La forme circulaire en mouvement représente la forme du symbole du taï chi chuan : le cercle extérieur enveloppe, contrôle et équilibre le mouvement qui se fait et se déroule tout entier à l'intérieur même du cercle.

2 • Douceur

Douceur, souplesse et fluidité ont une importance capitale dans le taï chi chuan. Son déroulement doit se faire sans employer la force, et l'esprit doit commander l'action. Douceur et souplesse doivent être soutenues, régulières et égales tout au long du déroulement des exercices comme si vous dérouliez le fil de soie fragile d'un cocon ; si vous ne le tirez pas assez, le fil ne sort pas, et si vous le tirez trop fort ou d'une façon irrégulière, le fil se casse.

3 • Lenteur

La lenteur permet de mieux discerner les mouvements, de les contrôler et de les coordonner, contribuant à une meilleure perception de soi-même. Les mouvements lents, variés et harmonieux vous révèlent à vous-même parce qu'en les exécutant lentement, vous prenez mieux conscience de la manière dont ils se font ou ne se font pas.

4 • Coordination

Le taï chi chuan introduit la pensée dans l'action et l'action dans la pensée sous le contrôle de l'esprit qui dirige et coordonne les gestes de chaque membre du corps, le rythme et la respiration. La coordination des différentes parties du corps demande une attention soutenue et une grande concentration. Plus la coordination est précise, meilleure sera la concentration. Une fois concentré dans tout son être, coordonné dans tous ses mouvements, le corps, l'esprit, l'attention et la vigilance ne font qu'un ; l'être entier est dans l'unité parfaite.

5 • Continuité

Le taï chi chuan doit s'exécuter tout entier d'une seule haleine. Son enchaînement ne permet ni interruption ni discontinuité. Les mouvements saccadés et irréguliers sont à éviter. Cette continuité régulière et harmonieuse ne doit pas se limiter seulement aux formes gestuelles, mais aussi se répercuter à l'intérieur de soi-même, psychiquement et mentalement. Chaque mouvement se développe à partir du précédent, tout en suggérant le suivant. Les séquences se succèdent comme les vagues de la mer sans commencement ni fin.

Questions / Réponses

À qui convient le taï chi chuan ?
Le taï chi chuan n'exige pas de force spéciale, ses techniques s'adaptent aux possibilités de chacun. Tout le monde est donc capable de le pratiquer et d'en tirer profit. C'est une discipline corporelle que l'on peut pratiquer tout au long de la vie. Il n'y a aucune contre-indication.

Faut-il avoir des aptitudes particulières pour apprendre le taï chi chuan ?
Confucius disait : « Une connaissance innée est rarissime, mais peut toujours s'acquérir par l'étude. »

Quels sont ses objectifs ?
Le taï chi chuan peut se pratiquer soit comme une gymnastique ou un sport doux, soit comme une discipline corporelle et psychique aux effets curatifs, soit comme une méditation en mouvement.

Où faut-il pratiquer le taï chi chuan ?
Le taï chi chuan n'exige pas de vastes espaces ; une surface de 3 m x 5 m suffit. Il est préférable de le pratiquer en plein air, dans un cadre de verdure. Si vous le pratiquez à l'intérieur, ouvrez les fenêtres.

Dans quelle tenue faut-il le pratiquer ?
L'exercice du taï chi chuan ne demande pas de tenue particulière, mais il faut éviter d'être gêné par des vêtements trop serrés ou de hauts talons. Il faut être à l'aise.

Quelle est la durée du déroulement et de l'enchaînement du taï chi chuan ?
Elle se situe entre 15 et 25 minutes. Les maîtres considèrent qu'il est anormal de dépasser l'un ou l'autre de ces seuils.

Comment faut-il respirer ?
La respiration a un rôle prédominant car le taï chi chuan est l'élaboration de trois techniques traditionnelles : combat à mains nues, assouplissements et respiration.
Le taï chi chuan exige une respiration concentrée vers le bas-ventre, autrement dit une respiration abdominale : profonde, lente, fine, régulière, de telle sorte qu'elle fasse fonctionner pleinement le diaphragme.
Les premiers temps, ne cherchez pas à apprendre la respiration en même temps que l'enchaînement des mouvements, il vous sera impossible de faire les deux à la fois.
Respirez naturellement par le nez. Lorsque vous aurez acquis la forme exacte du taï chi chuan, vous pourrez synchroniser respiration et mouvement selon les principes suivants :
• inspiration (Yin) : pour les mouvements d'élévation dirigés vers le haut (soulever le pied, ramener les bras vers soi) ;
• expiration (Yang) : pour les mouvements dirigés vers le bas (descendre le corps, poser les pieds sur le sol, le geste final de la plupart des séquences et enfin le geste final de chacune des trois grandes parties).

Combien de sortes de taï chi chuan existe-t-il ?
Il n'y a qu'un seul taï chi chuan, mais il existe différents styles et différentes écoles :
• l'école « Chen » : la plus ancienne et la plus difficile, peu pratiquée aujourd'hui ;
• l'école « Wou » : peu connue et peu pratiquée, elle est enseignée aux États-Unis ;
• l'école « Sen » : très peu connue ;
• l'école « Yang » : la plus connue et la plus populaire, aussi bien en Chine qu'à l'étranger.
C'est cette méthode qui est présentée dans le livre.

Peut-il être considéré comme une technique de combat ou de self-défense ?
Pendant longtemps, le taï chi chuan a été considéré comme une technique de combat à mains nues au même titre que la boxe Shao-Lin (kung-fu). Il existe toujours une technique conçue selon les principes du taï chi chuan qui se pratique à deux et qui s'appelle « la poussée des mains ».
Mais le taï chi chuan a peu à peu éliminé son aspect de technique de combat et n'est plus considéré aujourd'hui comme méthode de combat ni de self-défense.

Quelles sont les origines des noms de chaque séquence ?
Certains noms sont descriptifs et se réfèrent aux gestes qui sont exécutés, tels : « Brossez le genou et avancez d'un pas », « Croisez les bras ». D'autres sont figuratifs et évoquent les gestes d'animaux, comme : « La grue blanche déploie ses ailes », « Le faisan doré sur une seule patte ».
Ou bien ils sont symboliques avec des évocations poétiques, comme : « Les mains se meuvent comme les nuages ».

Comment peut-on apprendre le taï chi chuan avec ce livre ?
Lisez les textes d'explication, les conseils, suivez attentivement les photos en observant chaque détail : les positions et directions des mains, des poignets, des coudes, des jambes, des pieds… N'en apprenez pas trop à la fois. Essayez de vous exercer régulièrement, chaque jour si possible.
Pendant l'exercice, si vous êtes obligé de vous arrêter pour un motif imprévu ou tout simplement pour vous rappeler la suite, essayez de vous arrêter sans brutalité et de « suspendre » le mouvement sans le bloquer.
Faites-vous de temps en temps corriger et revoir par un praticien confirmé, car il est plus facile de bien apprendre dès le début que de corriger des défauts déjà appris.

Combien de temps faut-il pour apprendre le taï chi chuan ?
Si vous y consacrez 1/2 heure par jour, vous pourrez acquérir les bases fondamentales du taï chi chuan en quelques mois. Si vous désirez bien posséder cet art, 3 ans d'étude et de pratique vous seront nécessaires.

Quelles ressemblances existe-t-il entre le taï chi chuan et le yoga ?
Les buts de l'un et de l'autre sont les mêmes : créer les conditions favorables à l'harmonie du corps et de l'esprit.
Cependant, leurs techniques sont différentes : le hatha yoga met l'accent sur le maintien prolongé des postures du corps dans un équilibre stable, tandis que le taï chi chuan insiste sur le mouvement continuel d'une attitude à l'autre. On pourrait aller jusqu'à dire que le taï chi chuan est un yoga en mouvement.

QUELLE ATTITUDE ADOPTER PENDANT L'ENCHAÎNEMENT ?

- La tête doit être dirigée vers le haut sans forcer. Imaginez qu'elle est comme une marionnette suspendue par un fil accroché au plafond.
- Le dos, ni bombé, ni creux, doit être droit.
- Les épaules et les coudes doivent être relâchés et inclinés vers le sol.
- Les jambes doivent être légèrement fléchies.
- Les pieds doivent être enracinés solidement dans le sol.
- Les yeux suivent généralement les mouvements des mains et le regard est droit devant soi.

Référez-vous au texte d'explication de chaque séquence.

PREMIÈRE PARTIE

SÉQUENCES 1 À 14

1-Phase préparatoire

Placez-vous le corps face au sud, les pieds parallèles, écartés de la largeur des épaules, le corps droit, les bras souples le long des cuisses.
Pensez à décontracter les bras et les épaules, ainsi que les doigts.
Le regard est droit devant soi.

CONSEILS

1. Veillez constamment au maintien du corps droit, sans aucune contraction : les vertèbres cervicales et le coccyx doivent se trouver sur une même ligne droite verticale.
Relevez légèrement la tête vers le haut, sans forcer, et éveillez votre esprit à « agir » et à « non agir » : agir psychiquement et non agir physiquement.
2. Faites descendre la respiration vers le plexus sacré : respirez profondément, lentement et régulièrement par une respiration « abdominale ».
3. Votre corps, votre être tout entier, doit être mis en état de détente, de relaxation pour parvenir à une pacification intérieure complète. Cette 1re séquence est d'une importance capitale pour le déroulement des 84 suivantes.

2-Le commencement du taï chi chuan

1- Élevez les deux bras de façon parallèle lentement et régulièrement jusqu'à la hauteur des épaules, les paumes des mains tournées vers le sol, légèrement incurvées.
2- Faites descendre les deux coudes lentement et régulièrement jusqu'à ce que les deux mains arrivent devant les cuisses, les doigts étendus en avant, sans contraction, légèrement soulevés de façon à faciliter la circulation de l'énergie, paumes vers le sol (« poignets assis », comme assis par rapport au sol).
Le regard est droit devant soi.

CONSEILS

1. Avant d'élever les bras, pensez à détendre tout votre corps afin de correspondre à cette complète « pacification intérieure » indispensable à l'exercice du taï chi : agir d'abord de façon intérieure, agir corporellement ensuite.
2. Du commencement à la fin du taï chi, les épaules et les bras doivent être souples et sans aucune contraction. Par exemple, quand les bras s'élèvent ou descendent, il ne faut ni hausser les épaules ni les contracter et veiller à ce que les avant-bras soient légèrement repliés.
3. Toutes les séquences doivent se succéder sans interruption à un rythme régulier. Cependant, il faut marquer la fin d'un mouvement et le commencement du suivant, mais sans arrêt ni coupure.

1

2

3-Saisissez la queue de l'oiseau

I « Pen » (Parer) gauche

1- Tournez le pied droit en pivotant sur le talon de 45° vers l'extérieur. Le poids du corps se porte progressivement sur la jambe droite, en pliant légèrement le genou droit.

2- Passez le pied gauche à côté de la cheville droite.

Montez l'avant-bras droit en courbe jusqu'au niveau de la poitrine, dans le sens contraire des aiguilles d'une montre, paume de la main droite vers le sol.

Passez la main gauche devant le ventre et amenez-la vers la droite en tournant la paume vers le ciel.

Les bras sont arrondis et le coude droit incliné vers le sol.

Le regard suit le mouvement du corps.

3- Pliez davantage la jambe droite. Le pied gauche avance d'un pas en oblique vers la gauche : posez au sol le talon d'abord, puis le poids du corps va progressivement sur la jambe gauche jusqu'à ce que le pied tout entier soit enfoncé, comme enraciné dans le sol. La jambe gauche est fléchie en forme d'arc de cercle. Pendant que le pied gauche avance, le corps se tourne légèrement vers la gauche ; une fois le pied gauche posé sur le sol, tournez le corps progressivement vers la droite.

En même temps, le bras gauche exécute « pen gauche » : l'avant-bras gauche monte en courbe à hauteur de l'épaule, le coude légèrement fléchi et le poignet légèrement replié vers l'intérieur.

La main droite descend en courbe jusqu'à la hanche, paume tournée vers le sol, doigts en avant, poignet en position « assise ».

1

2

3

« Pen » (Parer) droit

4- Portez progressivement tout le poids du corps sur la jambe gauche : le corps se tourne vers la gauche, le pied droit passe en courbe près de la cheville gauche tandis que le coude gauche descend vers la gauche et accompagne la main gauche qui se rapproche de la poitrine gauche, paume tournée vers le sol et vers la droite. Montez la main droite en courbe jusqu'au ventre, paume tournée vers le ciel et vers la gauche. Les bras sont arrondis.
Le regard suit le mouvement, droit devant soi.

5- Avancez le pied droit d'un pas – talon d'abord – et enracinez-le dans le sol. Le poids du corps passe progressivement sur la jambe droite, fléchie en forme d'arc, tandis que le corps se tourne vers la droite. En même temps, le bras droit exécute « pen droit » : l'avant-bras droit monte en courbe vers la droite à hauteur de l'épaule, coude légèrement plus bas que la main. La main gauche accompagne la main droite.
Le regard est droit devant soi.

II « Li » (Tirer vers l'arrière)

6- Tournez lentement le corps vers la droite ; le poids du corps est toujours sur la jambe droite. Déplacez la main droite vers la droite tandis que la paume de la main se tourne vers l'extérieur et vers le bas. Le bras gauche suit le mouvement de la taille tandis que la paume de la main gauche se tourne vers le haut et vers l'extérieur.

CONSEILS

1. **Les bras doivent être dégagés du corps sans en être trop éloignés. Les deux bras protègent la poitrine.**
2. **Le principe de « li » réside dans la simultanéité de l'exécution par les mains, les bras, les jambes et les pieds.**

4

5

6

7- Le corps se tourne progressivement vers la gauche, le poids du corps passe sur la jambe gauche. Les bras le suivent. À la fin de la rotation, le bras droit est étendu, la paume dirigée vers l'arrière, le coude gauche est fléchi, la paume de la main tournée vers le haut et l'intérieur.
L'attention visuelle passe du bras droit à la main gauche puis le regard est droit devant soi.

III « Chi » (Presser en avant)

8- Tournez lentement le corps vers la droite, le poids du corps reste sur la jambe gauche. Simultanément, le bras droit fléchit progressivement et la paume de la main gauche se tourne légèrement vers le sol et l'extérieur.
Le bras droit est arrondi devant la poitrine, avec le coude plus bas que le poignet.
La paume de la main gauche fait face à l'avant-bras droit.

9- L'avant-bras droit et la main gauche « poussent » vers l'avant. Le poids du corps passe progressivement sur la jambe droite. Ce mouvement est le « chi ».
Le regard est droit devant soi, l'attention visuelle sur le bras droit.

CONSEILS

1. **Pendant l'exécution de ce mouvement, le corps doit être droit et vertical. Évitez de hausser les épaules qui doivent rester détendues et abaissées. Les coudes sont plus bas que les poignets.**
2. **Tout pas doit être souple et léger comme la marche d'un chat vers une souris. Par exemple : quand le pied droit avance et se pose au sol, la jambe gauche fléchit un peu afin que le mouvement soit souple et léger.**
Le genou ne doit pas dépasser la pointe du pied de cette jambe.

7

8

9

IV « An » (Repousser)

10- Le poignet droit effectue une rotation paume vers le sol, s'étend vers l'avant, et la main gauche passe au-dessus de la main droite. L'écart entre les deux mains, paumes tournées vers le sol, doit être de la largeur des épaules.

11- Les deux coudes se plient progressivement vers le bas pour descendre. Le poids du corps va progressivement sur la jambe gauche.
Le regard est droit devant soi. L'attention visuelle est sur le retrait vers soi des deux mains.

12- Les deux mains repoussent en montant vers l'avant jusqu'à ce que les poignets soient au niveau des épaules. Ce mouvement s'appelle « an ». La jambe droite est en forme d'arc; la jambe gauche sert de soutien.
L'attention visuelle est sur l'action « an » des mains.

CONSEIL

Le point de départ de l'énergie se situe dans le pied. Elle se développe ensuite dans les jambes. Son axe principal est à la taille. Sa réalisation ou son expression va jusqu'aux doigts.
Par exemple, dans l'action « an », les deux pieds enracinés au sol constituent le point de départ. Puis l'énergie se développe dans les jambes avant de gagner la taille. Par les muscles du dos et des épaules, l'énergie se transmet vers les épaules, les coudes et le petit os du poignet. Il est possible de ressentir l'arrivée de la force de l'énergie jusque dans les doigts. Il ne s'agit pas d'utiliser la force ou la contraction mais, au contraire, la relaxation et la détente.
L'étape suivante est de s'exercer au transfert de l'énergie dans chaque mouvement de l'enchaînement. Le point de l'énergie change sans cesse de façon alternative (Yin/ Yang), c'est pourquoi les mouvements doivent être exécutés sans interruption ni coupure.

10

11

12

4-Le simple fouet

1- Portez le poids du corps progressivement sur la jambe gauche et tournez les deux paumes vers le sol.
2- Pivotez le pied droit sur le talon le plus possible vers l'intérieur. Puis pivotez le pied gauche sur la pointe d'environ 90°. Le poids du corps revient alors sur la jambe droite.
Tournez le corps légèrement vers la gauche. Les bras, légèrement fléchis, suivent la rotation vers la gauche tandis que les deux mains décrivent un arc de cercle, paumes tournées vers le sol.
Le regard horizontal suit le mouvement du corps. L'attention visuelle est sur la main droite.

3- Le poids du corps reste sur la jambe droite.
Les deux mains se rapprochent de la poitrine, les coudes fléchis, puis s'étendent vers la droite tout en restant à hauteur de la poitrine. Les paumes sont toujours tournées vers le sol. Le bras droit s'étend progressivement tandis que le gauche reste fléchi, main au niveau de l'épaule droite. Réunissez les extrémités des 5 doigts de la main droite, pointes dirigées vers le sol. La paume de la main gauche se tourne vers l'intérieur et légèrement vers le haut.

1

2

4- Avancez le pied gauche d'un pas vers la gauche en posant d'abord le talon au sol, puis le poids du corps va progressivement sur la jambe gauche. Dans le même temps, la main gauche se déplace vers la gauche, paume devant le visage (à une distance d'environ 30 cm). Une fois le corps entièrement tourné vers la gauche, pivotez la main gauche, paume tournée vers l'extérieur, et poussez le bras gauche vers l'avant, poignet fléchi.
Le regard se tourne vers la gauche et précède le mouvement de la main gauche.

CONSEILS

1. Les mouvements des deux mains doivent être simultanés et en harmonie avec la rotation de la taille. Les coudes, légèrement pliés et inclinés vers le sol, doivent agir également avec souplesse et simultanément. Une distance égale et constante doit être maintenue entre les deux bras.
2. Le corps doit être droit et vertical. Ne vous penchez pas en avant ni en arrière, ni vers la droite ni vers la gauche.
3. Les épaules, les coudes et la taille doivent être détendus et relâchés.
4. La flexion du genou gauche ne doit pas dépasser la pointe du pied.
5. Le poignet de la main droite doit être plié.

3

4

5-Les mains levées

1- Pivotez le pied gauche vers l'intérieur et sur le talon (45°), avant de l'enraciner dans le sol. Tournez le corps progressivement vers la droite. Simultanément, tournez les deux mains vers le sol et abandonnez la position des cinq doigts réunis.

2- Posez le talon du pied droit en avant du pied gauche. Le genou droit est légèrement fléchi. Approchez les deux mains l'une de l'autre. En posture finale, les doigts de la main droite se trouvent au niveau des sourcils, paume tournée vers la gauche, tandis que les doigts de la main gauche sont dirigés vers le coude droit, paume tournée vers la droite. Les deux poignets sont en position « assise ». Le poids du corps est sur la jambe gauche ; la jambe droite est légèrement fléchie, le talon sur le sol, la pointe en l'air.

3- Pivotez légèrement la taille vers la gauche alors que le pied droit pivote d'environ 45° vers la gauche. Le coude gauche descend vers l'arrière, paume tournée vers le ciel, le pouce vers l'intérieur, puis remonte vers l'épaule droite, paume tournée vers la droite et vers le bas.

Simultanément, descendez la main droite en courbe vers la gauche jusqu'au dessous de la main gauche, paume tournée vers le haut. Pivotez la taille vers la droite. Le poids du corps va progressivement sur la jambe droite (légèrement fléchie) jusqu'à ce que le pied droit s'enracine dans le sol. L'attention visuelle est sur la descente du coude gauche puis le regard est droit devant soi.

1

2

3

CONSEILS

1. Les mouvements des mains et des pieds doivent être particulièrement concordants et harmonieux.

2. Des positions 2 à 3, la jambe gauche est fléchie légèrement, et l'avant-bras droit et la main gauche effectuent l'action « chi » ; en même temps, l'épaule droite fait « comme si » elle repoussait un adversaire imaginaire.

6-La grue blanche déploie ses ailes

Placez le pied gauche sur la pointe, en avant du pied droit. Jambe gauche fléchie, le corps se tourne légèrement vers la gauche.
En même temps, montez la main droite, avec une légère rotation du poignet, paume tournée vers l'extérieur, tandis que la main gauche descend en courbe à hauteur de la hanche gauche.
Le regard suit la main droite, puis est droit devant soi. L'attention visuelle est sur les deux mains.

CONSEILS

1. De la séquence 5 à celle-ci, il faut donner une sensation d'élévation : alors que la jambe et le pied droits sont enracinés dans le sol, la région dorsale a tendance à se hausser : ce double mouvement place le corps dans une position d'extension vers les deux extrémités opposées.
Veillez à garder le ventre plat (ni creux, ni saillant) et la tête haute de façon à maintenir votre esprit en éveil.
2. La pointe du pied gauche posée sur le sol ne doit supporter aucun poids du corps.
3. Placez la main droite bien au-dessus du front.
Le coude droit et l'épaule droite ne doivent pas être saillants. Les deux bras sont légèrement arrondis. Les poignets en position « assise ».

7-Brossez le genou gauche et avancez d'un pas

1- Tournez le buste vers la droite. Abaissez l'épaule droite ; le bras suit, la main descend en courbe près de la hanche droite, avec une légère rotation du poignet droit, paume tournée progressivement vers le haut. Pendant ce temps, la main gauche monte en courbe vers la droite, à hauteur du diaphragme. L'attention visuelle est sur la main droite. Le regard suit le mouvement du corps, droit devant soi.

2- Soulevez le pied gauche et continuez à tourner le corps vers la droite tandis que la main droite monte en courbe par-derrière. La main gauche continue son mouvement vers la droite, en descendant en courbe vers le ventre. Le regard est sur la main droite, puis sur la gauche.

3- Avancez le pied gauche d'un pas, en commençant par poser le talon au sol, et fléchissez le coude droit. Le poids du corps va progressivement sur la jambe gauche jusqu'à ce que le pied s'enracine dans le sol.

4- Tournez le corps progressivement vers la gauche. Simultanément, le bras gauche s'étend vers la gauche en passant au-dessus du genou gauche (c'est ce qu'on appelle « brosser le genou gauche »), puis descend jusqu'au niveau de la hanche gauche (gardez une distance de quelques centimètres entre la hanche et la main), la paume de la main vers le sol. Pendant ce temps, la main droite passe près de l'oreille droite, puis avance en « poussant », la paume tournée vers la gauche. Les deux mains doivent terminer leur mouvement en même temps, les poignets en position « assise ». La jambe gauche est en forme d'arc, la jambe droite en position de soutien. L'attention est sur la « poussée » de la main droite.

CONSEILS

1. Les mouvements des deux mains doivent être en parfaite harmonie avec la rotation du buste, effectuée sans aucun balancement.

2. Quand vous abaissez l'épaule droite, veillez à ne pas hausser l'épaule gauche : gardez toujours une ligne horizontale parfaite entre les deux épaules.

8-Jouez du pipa ou de la guitare

1- Le poids du corps est toujours sur la jambe gauche. Avancez le pied droit d'un demi-pas environ.
2- Passez le poids du corps progressivement sur la jambe droite. Puis avancez le pied gauche d'un demi-pas environ, en posant seulement le talon sur le sol, les orteils en l'air, le genou légèrement fléchi. Simultanément, montez la main gauche en courbe vers l'avant, jusqu'au niveau des sourcils, le bras légèrement fléchi avec une légère rotation du poignet, paume tournée vers la droite, tandis que la main droite descend jusqu'au niveau du coude gauche, avec une légère rotation du poignet, paume tournée vers la gauche. Les deux mains tiennent un pipa (instrument musical chinois) invisible. Le regard est au-delà de la main gauche, droit devant soi.

CONSEILS

1. Pendant le changement du poids du corps de la jambe gauche sur la jambe droite, évitez de balancer le corps.
2. Lorsque vous descendez la main droite, prenez pour axe la taille, puis abaissez l'épaule, le bras, le poignet, et enfin la main. Cette descente doit s'effectuer harmonieusement selon la règle taï chi : « Le corps dirige le mouvement de la main. »

1

2

9-Brossez les genoux et avancez d'un pas

I Brossez le genou gauche

1- Tournez le buste vers la droite et abaissez l'épaule droite. Le bras et la main descendent aussi en courbe près de la hanche droite, avec une légère rotation du poignet droit, paume tournée vers le haut, tandis que la main gauche descend en courbe vers la droite, avec une légère rotation du poignet gauche, paume tournée vers le bas.
Le regard suit la rotation du buste, puis est droit devant soi. L'attention est sur la main droite.
Le corps continue à se tourner vers la droite. La main droite monte en courbe par-derrière alors que la main gauche continue son mouvement vers la droite, en descendant en courbe vers le ventre.
Le regard est sur la main droite, puis gauche.

2- Avancez le pied gauche d'un pas, en posant d'abord le talon au sol. Fléchissez le coude droit.
Le poids du corps passe progressivement sur la jambe gauche jusqu'à ce que le pied s'enracine dans le sol. Tournez le corps progressivement vers la gauche.

3- Le bras gauche descend en courbe vers la gauche, passant au-dessus du genou (« brosser le genou gauche ») jusqu'à hauteur de la hanche gauche (gardez une distance de 2 ou 3 cm entre la hanche et la main gauche).
La main droite passe près de l'oreille droite puis avance en « poussant », la paume tournée vers la gauche.
La jambe gauche est en forme d'arc, la jambe droite en soutien.

1

2

3

Le regard est sur la main gauche, puis droit devant soi. L'attention visuelle est sur la « poussée » de la main droite.

II Brossez le genou droit

4- Pivotez le pied gauche sur le talon vers la gauche (45° environ). Le corps se tourne aussi vers la gauche. Dirigez la main gauche vers l'arrière en courbe, avec une légère rotation du poignet, paume tournée vers le haut. La main droite descend vers la gauche en courbe, avec une légère rotation du poignet, paume tournée vers le bas.
Le regard, droit devant soi, suit la rotation de la taille. L'attention est sur la main gauche.
5- Le poids du corps passe progressivement sur la jambe gauche. Avancez le pied droit (sans le poser au sol). Le corps continue à se tourner vers la gauche. La main gauche monte en courbe alors que la main droite continue son trajet vers le ventre.
Posez alors le talon du pied droit au sol et fléchissez le coude gauche.
L'attention est sur la main gauche, puis sur la main droite.
6- Le poids du corps passe progressivement sur la jambe droite jusqu'à ce que le pied droit soit enraciné dans le sol tandis que le corps se tourne progressivement vers la droite. Le bras droit passe au-dessus du genou droit (« brosser le genou droit ») puis descend jusqu'à la hanche droite (gardez une distance de 2 ou 3 cm entre la main et la hanche).
La main gauche continue son mouvement en courbe : elle passe près de l'oreille gauche et avance en « poussant ».
Le regard est sur la main droite, puis droit devant soi. L'attention est sur la « poussée » de la main gauche.

4

5

6

III Brossez le genou gauche

7- Pivotez le pied droit sur le talon vers la droite (45° environ). Tournez le corps vers la droite. Dirigez la main droite vers l'arrière en dessinant une courbe, avec une légère rotation du poignet, paume tournée vers le haut. La main gauche descend vers la droite en courbe, paume tournée vers le bas. L'attention est sur la main droite.

8- Le poids du corps passe progressivement sur la jambe droite. Avancez le pied gauche. Le corps continue à se tourner vers la droite. Montez la main droite en courbe. La main gauche continue son trajet en courbe, vers le ventre. Fléchissez le coude droit et posez le talon du pied gauche au sol. L'attention est sur la main droite, puis gauche.

9- Le poids du corps va progressivement sur la jambe gauche jusqu'à ce que le pied gauche soit enraciné dans le sol. Simultanément, tournez le corps progressivement vers la gauche. Le bras gauche s'étend vers la gauche, passant au-dessus du genou gauche (« brosser le genou gauche »), puis descend jusqu'à la hauteur de la hanche gauche. La main droite continue son mouvement en courbe : elle passe près de l'oreille droite et avance en « poussant ». Le regard est sur la main gauche, puis droit devant soi. L'attention est sur la « poussée » de la main droite.

CONSEILS

1. Lorsque la main brosse le genou, le bras, légèrement arrondi, effectue lui aussi un mouvement en courbe.
2. La main qui pousse doit avoir la paume tournée légèrement, soit vers la droite, soit vers la gauche. Les deux poignets sont en position « assise ».

7

8

10-Jouez du pipa ou de la guitare

1- Le poids du corps est toujours sur la jambe gauche. Avancez le pied droit d'un demi-pas environ. Passez lentement le poids du corps sur la jambe droite et tournez le corps vers la droite.

2- Avancez le pied gauche également d'un demi-pas et posez le talon sur le sol, orteils en l'air, genou légèrement fléchi. Pendant ce temps, montez la main gauche vers l'avant en courbe jusqu'au niveau des sourcils, avec une rotation du poignet, paume tournée vers la droite, et descendez la main droite jusqu'au niveau du coude gauche, avec une rotation du poignet, paume tournée vers la gauche. Les deux mains tiennent un pipa invisible. Le regard est au-delà de la main gauche, droit devant soi.

CONSEILS

1. Pendant le changement du poids du corps de la jambe gauche sur la jambe droite, évitez de balancer le corps.
2. Lorsque vous descendez la main droite, prenez pour axe la taille, puis abaissez l'épaule, le bras, le poignet, et enfin la main. Cette descente doit s'effectuer harmonieusement selon la règle taï chi : « Le corps dirige le mouvement de la main. »
3. « Jouer du pipa » est un exercice comme « attiré » en quelque sorte par le sol. Les épaules et les hanches sont donc tirées vers le bas. Le corps reste droit. Le buste est légèrement en biais. Le poids du corps étant complètement supporté par la jambe droite, le pied gauche est talon au sol, pointe en l'air. La jambe gauche est légèrement fléchie. Les deux poignets sont en position « assise ».

1

2

11-Brossez le genou gauche et avancez d'un pas

1- Tournez le buste vers la droite et abaissez l'épaule droite ; le bras et la main droits descendent en courbe près de la hanche droite, avec une rotation du poignet droit, paume tournée progressivement vers le haut, tandis que la main gauche descend en courbe vers la droite, avec une rotation du poignet gauche, paume tournée progressivement vers le bas.
Le regard suit la main droite.
Alors que le corps continue à se tourner vers la droite, soulevez le pied gauche et montez la main droite en courbe par-derrière.
La main gauche continue son mouvement vers la droite, en descendant en courbe vers le haut du ventre.
Le regard est sur la main droite, puis sur la main gauche.

2- Avancez le pied gauche d'un pas, en posant d'abord le talon au sol. Le poids du corps passe progressivement sur la jambe gauche jusqu'à ce que le pied s'enracine totalement dans le sol.

3- Tournez le corps progressivement vers la gauche et descendez la main gauche en courbe vers la gauche, faites-la passer au-dessus du genou gauche (« brosser le genou gauche ») jusqu'à hauteur de la hanche gauche (gardez une distance de 2 ou 3 cm entre la hanche et la main gauche).
La main droite continue son ascension, passe près de l'oreille droite et avance en « poussant ». La jambe gauche est en forme d'arc, la jambe droite en position de soutien.
L'attention visuelle est sur la « poussée » de la main droite.

1

2

3

12-Pas en avant et coup de poing

1- Pivotez le pied gauche sur le talon vers la gauche (45° environ). Tournez le corps progressivement vers la gauche. Amenez la paume de la main gauche face à la poitrine tandis que l'avant-bras se relève.

2- Passez le poids du corps sur la jambe gauche. Descendez les deux mains en courbe vers la gauche jusqu'à la taille, puis fermez le poignet de la main droite tandis que le talon du pied droit se soulève.
L'attention est sur la descente de la main droite. Évitez de baisser la tête.
Les deux mains continuent leur mouvement circulaire en passant au niveau de l'oreille gauche (sans la dépasser en hauteur). La paume de la main gauche, légèrement fléchie, accompagne le poing de la main droite tandis que le pied droit se dirige progressivement vers l'avant.
Le regard est sur la main droite, puis vers la droite.

3- Posez le talon du pied droit obliquement sur le sol et enracinez-le progressivement. Le poids du corps passe sur la jambe droite. Soulevez progressivement le pied gauche. Le corps se tourne progressivement vers la droite.
Avec la rotation du corps, élevez en avant la main droite, poing fermé, passez-la en courbe près de la poitrine, poing tourné vers l'intérieur et vers le haut. Puis descendez-la et retirez-la en courbe vers la droite.
Poussez la main gauche en courbe vers l'avant, passez-la près du bras droit, paume tournée vers la droite.
L'attention est sur la « poussée en avant » de la main gauche.

4- Avancez le pied gauche d'un pas et posez d'abord le talon sur le sol. Le corps continue à se tourner vers la droite.
Continuez la « poussée » vers l'avant de la main gauche. La main droite (poing fermé) se retire à côté de la taille, le poing tourné vers le haut.
Le regard est droit devant soi. L'attention est sur la main gauche.

5- Portez le poids du corps sur la jambe gauche, le pied gauche s'enracine progressivement dans le sol. La jambe gauche est en forme d'arc, la jambe droite en position de soutien.
Le corps se tourne vers la gauche. En même temps que la rotation du corps, donnez un coup de poing de la main droite, le poing tourné vers le haut.
La main gauche se retire légèrement vers soi, poignet en position « assise », doigts vers le haut et vers l'avant, obliquement, à l'intérieur et près de l'avant-bras droit.
Le regard est droit devant soi. L'attention est sur le coup de poing droit.

CONSEILS

1. Pour faire les pas successifs en avant, il faut avoir la légèreté et la souplesse d'un chat devant une souris, une vitesse rythmée et égale et une harmonie de tout le corps. Le premier pas du pied droit doit être plus large qu'un pas ordinaire. Gardez le corps bien droit.
2. Les mouvements des pas et les coups de poing doivent être synchronisés avec la rotation de la taille. Le premier coup de poing ne doit pas être trop éloigné du corps.

1
2
3
4
5

13-Fermeture apparente

1- Pliez la jambe droite vers l'arrière.
Le poids du corps va progressivement sur la jambe droite.
Simultanément, la main gauche se dirige vers la droite, passant au-dessous du coude droit, avec une rotation du poignet, paume tournée vers soi, puis passe le long de la hanche droite.
2- Ouvrez le poing de la main droite, coude plié, et descendez la main droite en courbe vers vous, avec une rotation du poignet, paume tournée vers l'intérieur.
Les deux bras se croisent au niveau des épaules, les doigts vers le haut.
L'attention est sur les mains.
3- Le poids du corps va entièrement sur la jambe droite.
Les deux mains se séparent vers les deux côtés, avec une rotation des deux poignets, la paume droite tournée vers la gauche, la paume gauche tournée vers la droite (la distance entre les deux mains est plus petite que la largeur des épaules).
4- Le poids du corps va progressivement sur la jambe gauche (celle-ci est en forme d'arc). Simultanément, les deux mains poussent vers l'avant (« an »), avec une rotation des deux poignets, paumes tournées obliquement vers l'avant (les poignets se trouvent au niveau des épaules).
L'attention est sur la pousse des mains en avant.

CONSEILS

1. Le recul vers soi des deux bras doit être simultané au recul du corps.
2. Lorsque vous croisez les bras, ne haussez pas les épaules. Au contraire, celles-ci doivent être détendues, les coudes relâchés. Les bras et les coudes sont légèrement dégagés du corps.

1

2

3

4

14-Croisez les mains

1- Pivotez le pied gauche sur le talon à 90° vers la droite et tournez le corps vers la droite. Le poids du corps passe progressivement sur la jambe droite. La main droite décrit un arc de cercle vers la droite en passant au niveau du visage, paume tournée vers l'extérieur. Le pied gauche n'a pas bougé. Le regard est droit devant soi.

2- Passez progressivement le poids du corps sur la jambe gauche. Levez lentement le pied droit (le talon en premier, puis le reste du pied) et placez-le parallèlement au pied gauche, en posant sur le sol la pointe, puis posez le reste du pied. Simultanément, descendez les deux mains, paumes tournées vers l'intérieur, et croisez-les au niveau de la poitrine, main droite en avant de la main gauche (gardez une distance d'environ 20 cm entre les mains croisées et le buste). En posture finale, le poids du corps est uniformément réparti sur les deux jambes. Le regard est sur les mains, puis droit devant.

CONSEILS

1. Toute la séquence exige une unité harmonieuse, une concordance des mouvements du corps et une grande simultanéité du commencement à la fin.
2. Quand vous croisez les mains, arrondissez les deux bras, détendez bien les épaules et relâchez les coudes.

1

2

DEUXIÈME PARTIE

SÉQUENCES 15 À 46

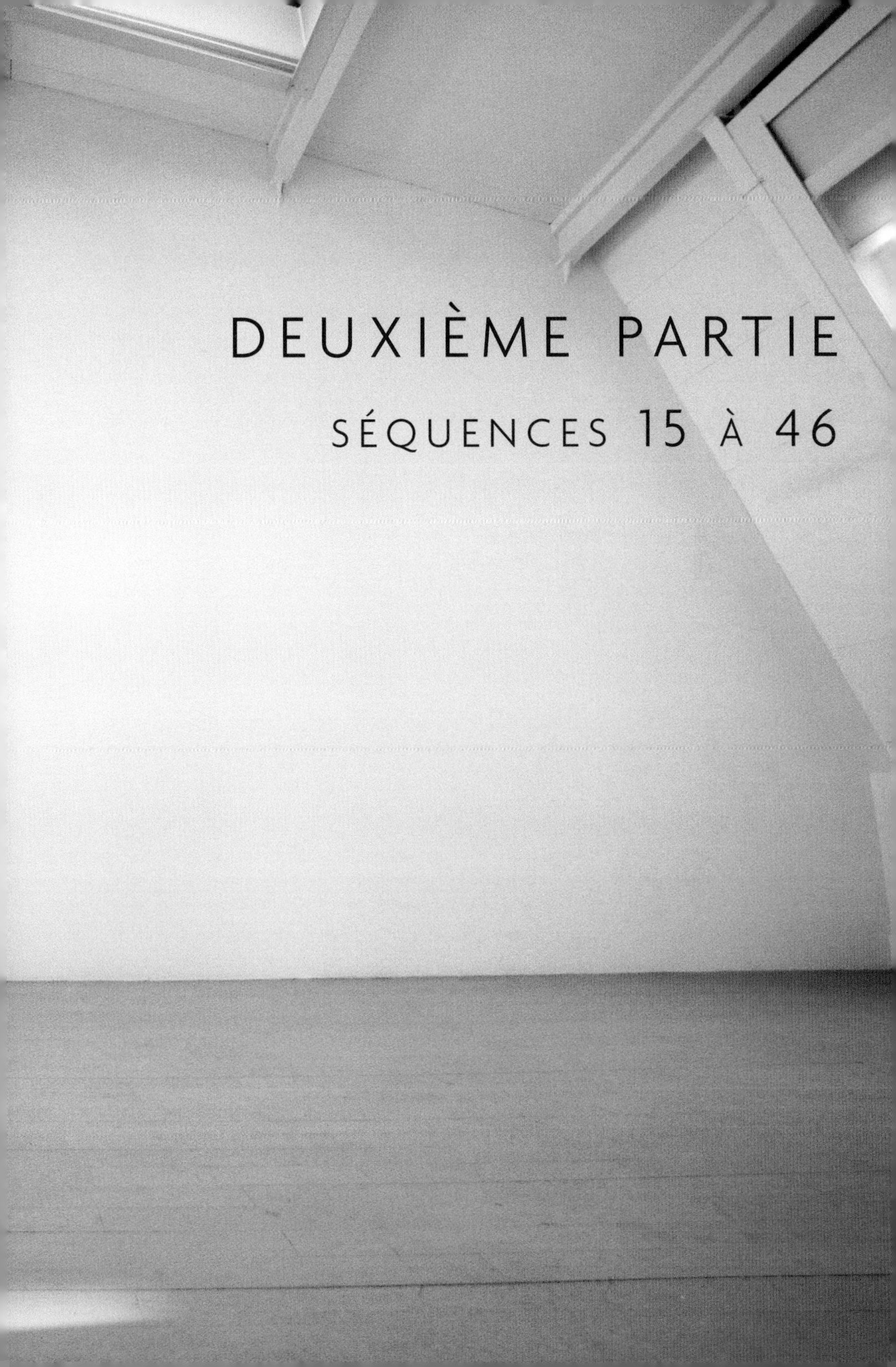

15-Emportez le tigre dans la montagne

I Brossez le genou droit et avancez d'un pas

1- Pivotez le pied gauche sur le talon vers l'intérieur (90°). Les deux genoux fléchissent progressivement.

Le poids du corps va progressivement sur la jambe gauche. Soulevez le pied droit (le talon quitte le sol le premier).

Simultanément, tournez le corps vers la droite.

2- Avec la rotation du corps, la main gauche descend devant la poitrine, monte en courbe vers la gauche au niveau de l'épaule, paume tournée vers le haut puis vers le bas.

Le coude droit descend avec la main droite, avec une rotation du poignet, paume tournée vers le bas.

Le regard est sur la montée de la main gauche, puis horizontal et vers la droite.

3- Avancez le pied droit d'un pas vers la droite en commençant par poser le talon au sol, puis portez le poids du corps sur la jambe droite jusqu'à ce que le pied tout entier soit « enraciné » dans le sol.

Continuez à tourner le corps vers la droite.

4- Avec la rotation du corps, la main droite continue à descendre en passant au-dessus du genou droit (« brosser le genou droit »), jusqu'à la hauteur de la hanche.

La main gauche poursuit son action, passe près de l'oreille gauche, puis « pousse » vers l'avant. Le regard est légèrement sur la main droite « brossant le genou droit », puis droit devant soi.

La jambe droite est en forme d'arc, la jambe gauche en soutien.

L'attention est sur la « poussée » de la main gauche.

II « Li » (Tirer vers l'arrière)

5- Le poids du corps va progressivement sur la jambe gauche. Le corps se tourne progressivement vers la gauche.

Simultanément, le coude gauche descend, en tournant le poignet gauche, paume tournée vers le haut ; la main droite monte en courbe devant la main gauche, passant à l'intérieur du bras gauche, paume tournée vers l'extérieur et vers le bas.

Les deux bras (coudes légèrement pliés et abaissés) continuent à aller vers la gauche (action « li ») : la main gauche devant la poitrine gauche et la main droite devant la poitrine droite.

Au début de l'action « li » vers la gauche, l'attention visuelle est sur le bras droit.

À la fin, l'attention visuelle se porte sur la main gauche.

Puis le regard est droit devant soi.

CONSEILS

1. Les deux bras doivent être dégagés du corps sans en être trop éloignés. Les deux coudes pliés protègent la poitrine.

2. Pendant l'action « li » vers la gauche et la rotation de la taille, le corps doit rester bien droit.

1

2

3

4

5

III « Chi » (Presser en avant)

6- Tournez le corps légèrement vers la droite.
Le poids du corps passe progressivement sur la jambe droite. La jambe droite est en forme d'arc, la jambe gauche en soutien.
Tournez le poignet droit, paume vers le haut, puis le poignet gauche, paume vers le bas.
Le bras droit est arrondi devant la poitrine droite, le coude plus bas que le poignet.
La main gauche se retrouve face à l'avant-bras droit.
7- « Poussez » l'avant-bras droit et la main gauche vers l'avant. Ce mouvement constitue l'action « chi ». Le poids du corps est sur la droite.
Le regard est droit devant soi.
L'attention visuelle est sur le bras droit.

CONSEIL

**Évitez de hausser les épaules qui doivent rester détendues et abaissées. Les coudes sont détendus et plus bas que les poignets.
Le postérieur ne doit pas être saillant.**

IV « An » (Repousser)

8- Tournez le poignet droit, paume vers le sol.
La main gauche passe au-dessus de la main droite puis s'en écarte de la largeur des épaules. Les deux paumes sont tournées vers le sol.
9- Pliez les deux coudes progressivement vers le bas pour amorcer la descente et le retrait vers soi des deux mains.
Le poids du corps passe progressivement sur la jambe gauche.
Le regard est droit devant soi. L'attention visuelle est sur le retrait des deux mains.
10- Repoussez en montant vers l'avant avec les deux mains jusqu'à ce que les poignets soient au niveau des épaules.
Ce mouvement constitue l'action « an ».
La jambe droite est en forme d'arc, la jambe gauche en soutien.
Le regard est droit devant soi. L'attention visuelle est sur l'action « an » des mains.

CONSEILS

**1. Le recul des mains doit être synchronisé avec celui du corps.
2. Gardez les épaules détendues. Les coudes ne doivent pas être saillants.**

6

7

8

9

10

16-Le poing sous le coude

1- Portez le poids du corps progressivement sur la jambe gauche et tournez les deux paumes vers le sol.
2- Pivotez le pied droit sur le talon le plus possible vers l'intérieur. Puis pivotez le pied gauche sur la pointe d'environ 90°. Le poids du corps revient alors sur la jambe droite. Tournez le corps légèrement vers la gauche. Les bras, légèrement fléchis, suivent la rotation vers la gauche tandis que les deux mains décrivent un arc de cercle, paumes tournées vers le sol.
Le regard horizontal suit le mouvement du corps. L'attention visuelle est sur la main droite.
3- Le poids du corps reste sur la jambe droite.
Les deux mains se rapprochent de la poitrine, les coudes fléchis, puis s'étendent vers la droite tout en restant à hauteur de la poitrine. Les paumes sont toujours tournées vers le sol. Le bras droit s'étend progressivement tandis que le gauche reste fléchi, main au niveau de l'épaule droite. Réunissez les extrémités des 5 doigts de la main droite, pointes dirigées vers le sol. La paume de la main gauche se tourne vers l'intérieur et légèrement vers le haut.
4- Avancez le pied gauche d'un pas vers la gauche en posant d'abord le talon au sol, puis le poids du corps va progressivement sur la jambe gauche. Dans le même temps, la main gauche se déplace vers la gauche, paume devant le visage (à une distance d'environ 30 cm). Une fois le corps entièrement tourné vers la gauche, pivotez la main gauche, paume tournée vers l'extérieur, et poussez le bras gauche vers l'avant, poignet fléchi.
Le regard se tourne vers la gauche et précède le mouvement de la main gauche.

CONSEILS

1. Les mouvements des deux mains doivent être simultanés et en harmonie avec la rotation de la taille. Les coudes, légèrement pliés et inclinés vers le sol, doivent agir également avec souplesse et simultanément. Une distance égale et constante doit être maintenue entre les deux bras.
2. Le corps doit être droit et vertical. Ne vous penchez pas en avant ni en arrière, ni vers la droite ni vers la gauche.
3. Les épaules, les coudes et la taille doivent être détendus et relâchés.
4. La flexion du genou gauche ne doit pas dépasser la pointe du pied.
5. Le poignet de la main droite doit être plié.

1

2

3

4

5- Avancez le pied gauche d'un pas, en posant d'abord le talon au sol. Le poids du corps passe progressivement sur la jambe gauche tandis que le buste se tourne vers la gauche.
Dans le même temps, étendez la main gauche vers la gauche, la paume tournée vers l'intérieur, au niveau du visage. La main droite suit le mouvement de la main gauche et va vers la gauche, paume dirigée vers l'extérieur. Les coudes sont relâchés.
Le poids du corps passe progressivement sur la jambe gauche.
6- Continuez à tourner le corps vers la gauche. Avancez le pied droit d'un demi-pas, en posant d'abord la pointe du pied. Le poids du corps va progressivement sur la jambe droite.
Les deux mains continuent leur mouvement vers la gauche – descendez la main gauche en courbe vers la gauche – puis tournez les poignets des deux mains, paumes vers le sol jusqu'au niveau du ventre. Pendant ce temps, le poids du corps passe progressivement sur la jambe droite.
7- Remontez la main gauche en passant au niveau du thorax, puis du visage avant de l'étendre vers l'avant, la paume tournée vers la droite, pointe des doigts orientée vers le haut.
Fermez progressivement le poing de la main droite. Posez le pied gauche au sol sur le talon.

17-Reculez en repoussant le singe

I Repoussez le singe de la main droite

1- Tournez le corps progressivement vers la droite.
Étendez la main gauche vers l'avant, paume tournée vers le ciel. Dans le même temps, ouvrez le poing de la main droite, et descendez-la en courbe jusqu'au niveau de la hanche droite, paume tournée vers le ciel. La main droite s'étend vers l'arrière.
Puis fléchissez le coude du bras droit jusqu'à ce que la main droite parvienne au niveau de l'oreille droite, paume dirigée vers l'avant. En posture finale, le poids du corps est sur la jambe droite.
L'attention est sur la montée de la main droite.

2- Reculez d'un pas le pied gauche, en commençant par poser les orteils d'abord au sol, puis portez le poids du corps progressivement sur la jambe gauche jusqu'à ce que le pied tout entier soit « enraciné » dans le sol.

3- Tournez le corps progressivement vers la gauche en plaçant la pointe du pied droit vers l'avant et descendez la main gauche en courbe jusqu'à côté de la hanche.
Montez la main droite en courbe, passez près de l'oreille droite et « poussez » vers l'avant.
Le regard est droit devant soi. L'attention est sur la « poussée » de la main droite.

1

2

3

II Repoussez le singe de la main gauche

4- Tournez le corps vers la gauche. La main droite s'étend légèrement vers l'avant, en tournant le poignet, paume vers le haut. Montez la main gauche en courbe vers l'arrière. Le poids du corps est sur la jambe gauche.
L'attention visuelle est sur le mouvement de la main gauche.
Puis le coude du bras gauche fléchit jusqu'à ce que la main gauche parvienne au niveau de l'oreille gauche, paume dirigée vers l'avant. En posture finale, le poids du corps est sur la jambe gauche.

5- Reculez d'un pas le pied droit, en commençant par poser les orteils au sol.

6- Une fois le pied droit posé au sol, portez le poids du corps progressivement sur la jambe droite jusqu'à ce que le pied entier soit enraciné dans le sol.
Replacez la pointe du pied gauche vers l'avant. Pendant ce temps, descendez la main droite en courbe jusqu'au niveau de la hanche droite, paume tournée vers le haut, en accompagnant la rotation du corps vers la droite. La main gauche passe près de l'oreille gauche et pousse vers l'avant.
En posture finale, le poids du corps est sur la jambe droite.

4

5

6

III Repoussez le singe de la main droite

7- Tournez le corps progressivement vers la droite.
La main gauche s'étend vers l'avant, paume tournée vers le haut. Dans le même temps, la main droite descend en courbe jusqu'au niveau de la hanche droite, paume vers le haut, puis s'étend vers l'arrière. L'attention visuelle est sur le mouvement de la main droite.
Puis le coude du bras droit fléchit jusqu'à ce que la main droite parvienne au niveau de l'oreille droite, paume dirigée vers l'avant.
En posture finale, le poids du corps est sur la jambe droite.

8- Reculez le pied gauche d'un pas en arrière, en commençant par poser les orteils d'abord au sol.
9- Une fois le pied gauche posé au sol, portez le poids du corps progressivement sur la jambe gauche jusqu'à ce que le pied entier soit enraciné dans le sol. Replacez la pointe du pied droit vers l'avant. Pendant ce temps, la main gauche descend en courbe jusqu'au niveau de la hanche gauche, paume tournée vers le haut, en accompagnant la rotation du corps vers la gauche. La main droite passe près de l'oreille droite et pousse vers l'avant.
En posture finale, le poids du corps est sur la jambe gauche.

7

8

CONSEILS

1. Quand un pied recule, l'autre jambe qui supporte le poids total du corps doit rester fléchie.
2. Ici, nous proposons de reculer 3 fois. Mais on peut reculer 5 ou 7 fois – peu importe – à condition que le nombre soit impair et le même que lors de la séquence 28 : « Mouvoir les mains comme les nuages ». Si, par exemple, vous choisissez de reculer 7 fois dans cette séquence, il faut absolument « mouvoir » 7 fois « les mains comme les nuages ».

18-Le vol en diagonale

1- Ramenez la pointe du pied droit vers le talon du pied gauche. Simultanément, montez la main gauche en courbe vers la droite jusqu'au niveau de l'épaule droite, paume tournée vers la droite et légèrement vers le sol.
Pendant ce temps, descendez la main droite en courbe vers la gauche, et passez-la devant le ventre, paume tournée vers le ciel.
L'attention est sur la main gauche.
2- Tournez le corps vers la droite et, simultanément, avancez le pied droit d'un pas, en diagonale, en posant le talon d'abord au sol.
3- Portez le poids du corps progressivement sur la jambe droite jusqu'à ce que le pied tout entier soit « enraciné » dans le sol.
La jambe droite est en forme d'arc, la jambe gauche en soutien.
Montez la main droite en diagonale vers la droite, jusqu'au niveau du front, tandis que la main gauche descend en courbe jusqu'au niveau de la hanche, paume tournée vers le bas. En même temps, rentrez la pointe du pied gauche vers l'intérieur.
Le bras droit est étendu, non tendu.
Le regard est droit devant soi. L'attention est sur la main droite.

CONSEIL

Quand la main droite monte en diagonale vers le haut, l'énergie part des pieds, se développe dans les jambes, puis monte dans la région dorsale et traverse les épaules, les coudes pour parvenir jusqu'aux mains. Pour obtenir la meilleure circulation possible de l'énergie, les mouvements des mains, des pieds et du corps doivent s'exécuter simultanément, harmonieusement et sans rupture.

19-Les mains levées

1- Le poids du corps est toujours sur la jambe droite. Avancez le pied gauche d'un demi-pas et déplacez le poids du corps sur la jambe gauche.

2- Tournez le corps légèrement vers la gauche. Avancez le pied droit d'un demi-pas, talon posé sur le sol, orteils légèrement en l'air, genou fléchi.

Simultanément, montez la main gauche en courbe vers l'avant et descendez la main droite devant la poitrine, coude relâché. Les deux mains se rapprochent l'une de l'autre, de telle sorte que la main droite se trouve en avant de la main gauche, au niveau des sourcils, paume tournée vers la gauche ; la main gauche est postérieure à la main droite, au niveau du coude droit, paume tournée vers la droite. Le regard est horizontal, au-delà de la main droite.

3- Tournez légèrement la taille vers la gauche. Soulevez le pied droit et descendez le coude gauche vers l'arrière, en tournant le poignet gauche, paume tournée vers le sol. Simultanément, descendez la main droite en courbe vers la gauche jusqu'à ce qu'elle soit au-dessous de la main gauche, en tournant le poignet droit, paume tournée vers le haut. Pendant le mouvement des bras, le poids du corps passe sur la jambe droite. L'attention visuelle est sur la descente du coude gauche, puis le regard est droit devant soi.

CONSEIL

Pendant les étapes 1 et 2, la jambe gauche est légèrement fléchie et l'avant-bras droit et la main gauche effectuent l'action « chi ».

20-La grue blanche déploie ses ailes

Posez le pied gauche sur la pointe en avant du pied droit. La jambe gauche est fléchie. Le poids du corps est sur la jambe droite. Tournez le corps légèrement vers la gauche. En même temps, montez la main droite bien au-delà du front, en tournant le poignet, paume vers l'extérieur, tandis que la main gauche descend en courbe jusqu'à hauteur de la hanche gauche.
Le regard est sur la montée de la main droite, puis droit devant soi.

CONSEILS

1. Des séquences 19 à 20, il faut donner une sensation d'élévation, de « déploiement des ailes »: alors que la jambe et le pied droits sont enracinés dans le sol, la région dorsale a tendance à se grandir – le corps est dans une position d'extension vers les deux extrémités opposées.
Gardez le ventre plat (ni creux, ni saillant) et la tête haute, de façon à maintenir votre esprit en éveil.
2. Respirez vers le centre de gravité situé au-dessous du nombril (respiration abdominale).

21-Brossez le genou gauche et avancez d'un pas

1- Tournez la taille vers la droite et abaissez l'épaule droite ; le bras suit et la main descend en courbe près de la hanche droite, paume tournée progressivement vers le haut, tandis que la main gauche monte en courbe vers la droite à hauteur de la poitrine. L'attention visuelle est sur la main droite. Le regard suit le mouvement du corps, droit devant soi.

2- Élevez le pied gauche tandis que le corps continue à se tourner vers la droite. Montez la main droite en courbe par l'arrière. La main gauche continue son mouvement vers la droite, en descendant en courbe vers le ventre. Le regard est sur la main droite, puis gauche.

3- Avancez le pied gauche d'un pas en commençant par poser d'abord le talon au sol. Portez le poids du corps progressivement sur la jambe gauche jusqu'à ce que le pied s'enracine dans le sol. En même temps, ramenez la main droite vers l'avant, à hauteur des épaules.

4- Tournez le corps vers la gauche. Descendez la main gauche en courbe vers la gauche, et faites-la passer au-dessus du genou gauche (« brosser le genou ») à hauteur de la hanche gauche. Simultanément, la main droite continue son mouvement vers l'avant : elle passe près de l'oreille droite, puis avance en « poussant ». Les deux mains doivent terminer leur mouvement en même temps. La jambe gauche est en forme d'arc, la jambe droite en position de soutien. Le regard est sur la main gauche, puis droit devant soi. L'attention visuelle est sur la « poussée » de la main droite.

CONSEIL

Les mouvements des deux mains doivent être en parfaite harmonie avec la rotation de la taille. Celle-ci doit s'effectuer sans balancement. Le moindre mouvement basculant est contraire au règlement : « Maintenir le corps sur une ligne verticale. »

22-L'aiguille au fond de la mer

1- Accentuez le poids du corps sur la jambe gauche.
Pendant le transfert du poids du corps sur la jambe gauche, tournez le bras droit, paume vers la gauche, et avancez légèrement la main gauche vers l'avant. Avancez le pied droit d'un demi-pas (une vingtaine de centimètres).
2- Le poids du corps se porte progressivement sur la jambe droite.
Levez la pointe du pied gauche.
Pendant le transfert du poids du corps sur la jambe droite, pliez le coude droit, le poignet droit légèrement vers vous et élevez le bras gauche vers l'avant, paume tournée vers le sol. L'attention est sur la main droite.
3- Posez la pointe du pied gauche sur le sol et tournez légèrement le corps vers la gauche. Le pied droit est complètement enraciné dans le sol. Inclinez-vous vers le sol en dirigeant la main droite vers le sol, comme si elle passait à travers des obstacles imaginaires. En même temps, descendez la main gauche en courbe.
Le regard est devant soi, assez loin.
L'attention est sur le mouvement de la main droite.

CONSEIL

La descente de la main droite doit s'exécuter simultanément avec l'inclinaison du corps et le fléchissement de la jambe droite. C'est l'épaule qui fait agir le coude qui fait agir la main.
Ne courbez pas la tête, elle doit rester dans le prolongement du dos.

23-Comme un éventail

1- Tournez le corps vers la droite en le redressant. Levez le talon du pied gauche et ramenez-le vers vous. Simultanément, montez la main droite au-dessus du front, le poignet tourné, paume vers la droite ; montez également la main gauche, paume vers la droite, les doigts dirigés vers le haut. L'attention est sur la montée de la main droite.
2- Avancez le pied gauche d'un pas, en commençant par poser d'abord le talon au sol, puis portez le poids du corps progressivement sur la jambe gauche jusqu'à ce que le pied entier soit enraciné dans le sol ; la jambe gauche est en forme d'arc, la jambe droite en position de soutien. Simultanément, dirigez la main gauche en avant, le long du bras droit à la hauteur du menton, bras étendu (et non tendu), paume tournée vers l'extérieur. L'attention est sur le mouvement de la main gauche.

CONSEIL

Les débutants ont facilement tendance à raidir le corps, en particulier la poitrine et les bras. C'est contraire à l'esprit du taï chi chuan qui dit : « Il faut toujours se garder de déployer son potentiel jusqu'au bout » – ce qui veut signifie : « Il faut savoir limiter les possibilités d'agir afin de pouvoir le faire ultérieurement avec plus d'efficacité. » L'enchaînement des 85 séquences doit se faire en mouvements continus et circulaires ou en courbes.
Ces mouvements doivent être liés afin de ne laisser aucune possibilité d'attaque de la part d'un éventuel « adversaire ».

24-Tournez le corps, fermez le poing droit

1- Pivotez le pied gauche sur le talon vers la droite (135°) et tournez le corps aussi vers la droite.
Descendez la main droite en courbe en fermant progressivement le poing (tourné vers le sol) jusqu'au niveau du ventre.
Montez la main gauche en courbe jusqu'au-dessus du front gauche, paume vers l'extérieur.

2- Tout le poids du corps est sur la jambe gauche. Élevez le pied droit tandis que le corps continue à tourner vers la droite. La main gauche descend en courbe jusqu'au niveau de l'épaule gauche (en passant à l'extérieur de l'avant-bras droit).
Le poing droit se retourne en avant.
Le regard est sur les mains.
Posez le pied droit, légèrement vers la droite, d'abord sur le talon.
Faites passer tout le poids du corps progressivement sur la jambe droite.

3- Le corps continue à tourner vers la droite.
Le poing droit avance, tourne en courbe, puis recule jusqu'à hauteur de la hanche droite (le haut du poing tourné vers le ciel) ; la main gauche revient en courbe devant la poitrine et s'étend vers l'avant.
La jambe droite est en forme d'arc, la gauche sert de soutien.

25-Pas en avant et coup de poing

1- Faites passer le poids du corps progressivement sur la jambe gauche tandis que le corps se tourne vers la gauche.
Le coude gauche descend, avec une rotation du poignet, paume tournée vers le ciel.
Le poignet droit effectue également une rotation et monte vers l'avant jusqu'à se placer au-dessus de la main gauche (poing toujours fermé). L'attention est sur l'avancement de la main droite.
2- Accentuez le poids du corps sur la jambe gauche tandis que le corps continue à se tourner vers la gauche. Le poing droit et la main gauche exécutent « li » (tirer vers l'arrière) vers la gauche.
3- Tout le poids du corps est sur la jambe gauche.
Élevez le pied droit et descendez la main droite, poing fermé, vers la gauche, en la faisant passer devant le ventre.
Pendant ce temps, la main gauche monte en courbe vers la gauche, puis passe à côté de l'oreille gauche, paume vers le bas.
Le regard se porte légèrement vers les deux mains, puis vers la droite.
4- Avancez le pied droit, talon d'abord, en oblique vers la droite, puis enfoncez la pointe droite dans le sol. Tout le poids du corps passe progressivement sur la jambe droite.
Tournez le corps progressivement vers la droite.
Montez la main droite, poing fermé, en passant devant la poitrine, et avancez-la en

1

2

3

retournant le poignet (poing tourné vers le ciel), avant de la redescendre en courbe vers la hanche droite.
La main gauche suit le mouvement du corps et descend légèrement en courbe vers la droite, puis avance à l'intérieur et le long de l'avant-bras droit.
5- Avancez le pied gauche d'un pas, en posant le talon d'abord.
Le corps se tourne vers la droite. La main gauche continue à avancer tandis que la main droite (poing toujours fermé) se place au niveau de la taille.
Le regard est sur l'avancement de la main gauche.
6- Le poids du corps passe sur la jambe gauche et le pied gauche s'enfonce dans le sol. La jambe gauche est en forme d'arc. La droite sert de soutien.
En même temps, le corps se tourne progressivement vers la gauche et la main droite (poing fermé) avance vers l'avant alors que la main gauche revient vers la poitrine, à l'intérieur du bras droit (paume face au coude droit). Les doigts pointent vers le ciel.
Le regard est sur l'avancement de la main droite.

CONSEILS

1. Lorsque vous avancez d'un pas, celui-ci doit être aussi léger que le pas d'un chat devant une souris.
2. Ne penchez le corps ni vers l'avant ni vers l'arrière, ni vers la droite ni vers la gauche.

4

5

6

26-Avancez d'un pas et saisissez la queue de l'oiseau

1- Pivotez le pied gauche sur le talon vers la gauche (45°). Tournez le corps vers la gauche ; le poids du corps passe progressivement sur la jambe gauche.
La main droite ouvre graduellement le poing, paume vers le sol ; la paume de la main gauche se tourne vers l'intérieur.
2- En accompagnant le mouvement du corps, avancez le pied droit d'un pas (talon d'abord), descendez le coude gauche vers la gauche et amenez la main gauche devant la poitrine.
Le poids du corps passe progressivement sur la jambe droite, tandis que le corps se tourne légèrement vers la droite.
Descendez en courbe la main droite vers la gauche jusqu'au niveau du ventre, poignet arrondi, paume tournée vers le haut et vers la gauche.
Le regard est porté légèrement sur l'avant-bras gauche, puis vers la droite, enfin droit devant soi.
3- Enracinez le pied droit dans le sol.
En même temps, le bras droit exécute « pen droit » : l'avant-bras droit monte en courbe vers la droite jusqu'à hauteur de l'épaule, coude plus bas que la main. La main gauche pousse (en l'accompagnant) la main droite.
Le regard est sur l'avant-bras droit.

« Li » (Tirer vers l'arrière)

4- Tournez lentement le corps vers la droite, le poids du corps est toujours sur la jambe droite.
La main droite se déplace vers la droite tandis que la paume de la main se tourne vers l'extérieur et vers le bas.
Le bras gauche suit le mouvement de la taille tandis que la paume de la main gauche se tourne vers le haut et vers l'extérieur.
5- Tournez le corps vers la gauche. Le poids du corps passe sur la jambe gauche.
Les deux bras (coudes légèrement pliés et abaissés) continuent à aller vers la gauche (action « li ») : à la fin de la rotation, le bras droit est étendu, la paume dirigée vers l'arrière, le coude gauche est fléchi, la paume de la main tournée vers le haut et vers l'intérieur.
L'attention visuelle passe du bras droit à la main gauche avant de revenir droit devant soi.

CONSEILS

1. N'oubliez pas que la taille est l'axe de tous les mouvements du corps, vers la droite ou vers la gauche. Tout le corps doit être droit.
2. La description des mouvements du corps, des mains et des pieds est successive mais leur exécution doit être simultanée.

1

2

3

4

5

« Chi » (Presser en avant)

6- Tournez lentement le corps vers la droite, le poids du corps reste sur la jambe gauche. Simultanément, le bras droit fléchit progressivement et la paume de la main gauche se tourne vers le sol et l'extérieur Le bras droit est arrondi devant la poitrine, avec le coude plus bas que le poignet. La paume de la main gauche fait face à l'avant-bras droit.
L'avant-bras droit et la main gauche « poussent » vers l'avant. Le poids du corps passe progressivement sur la jambe droite. Ce mouvement est le « chi ».
Le regard est droit devant soi, l'attention visuelle sur le bras droit.

CONSEIL

Pendant cette action « chi », la main gauche s'approche progressivement du poignet droit mais sans le toucher vraiment.

« An » (Repousser)

7- Le poignet droit effectue une rotation paume vers le sol, puis la main gauche passe au-dessus de la main droite. Les deux mains s'étendent vers l'avant. L'écart entre les deux mains, paumes tournées vers le sol, doit être de la largeur des épaules.

8- Les deux coudes se plient progressivement vers le bas pour descendre. Le poids du corps va progressivement sur la jambe gauche.
Le regard est droit devant soi. L'attention visuelle est sur le retrait des deux mains vers vous.

9- Les deux mains repoussent en montant vers l'avant jusqu'à ce que les poignets soient au niveau des épaules.
Ce mouvement s'appelle « an ».
La jambe droite est en forme d'arc ; la jambe gauche sert de soutien. L'attention visuelle est sur l'action « an » des mains.

6

7

8

9

27-Le simple fouet

1- Tournez les deux mains vers le sol. Dans le même temps, le poids du corps passe progressivement sur la jambe gauche.
2- Tournez le corps vers la gauche, les mains au niveau des épaules. Simultanément, pivotez le pied droit sur le talon le plus possible vers l'intérieur, puis pivotez le pied gauche sur la pointe d'environ 90°. Fléchissez les coudes, poignets en position « assise ». Le regard précède légèrement la rotation du corps.
3- Tournez le corps vers la droite. Le poids du corps revient sur la jambe droite. Les deux mains s'étendent vers la droite en traçant un demi-cercle près de la poitrine, paumes tournées vers le sol.
Le bras doit est étendu, le bras gauche est fléchi, main gauche au niveau de l'épaule droite, doigts pointés vers le coude droit.
Le regard suit le mouvement du corps.
L'attention visuelle est sur la main droite.

La position des cinq doigts réunis

4- Le poids du corps est sur la jambe droite. Réunissez les cinq doigts de la main droite, les uns touchant les autres, leur extrémité tournée vers le sol. Seule la position de la main change.
5- Tournez légèrement le corps vers la gauche. Montez la main gauche en courbe vers la gauche, paume tournée progressivement vers l'extérieur, jusqu'au niveau de l'épaule, tandis que le pied gauche s'enracine dans le sol. Le poids du corps est sur la jambe gauche.
La main droite a conservé la même position, avec les doigts réunis.
L'attention visuelle est sur le mouvement de la main gauche.

CONSEIL

Les mouvements des deux mains doivent être simultanés et en harmonie avec la rotation de la taille. Les deux coudes, légèrement pliés et inclinés vers le sol, doivent agir également simultanément. Une distance égale et constante doit être maintenue entre les deux bras.

1

2

3

4

5

28-Mouvoir les mains comme les nuages

1- Tournez le corps vers la droite en pivotant le pied gauche de 90° sur le talon vers la droite. Les cinq doigts de la main droite sont toujours réunis. Le poids du corps passe sur la jambe droite.

2- Tournez le corps vers la gauche ; déplacez la main gauche vers la gauche en la faisant passer devant le visage, paume dirigée vers l'extérieur et vers le sol ; la main droite descend vers la gauche en quittant la position des cinq doigts réunis ; les deux mains sont sur une même ligne verticale.

3- Passez le poids du corps sur la jambe gauche tandis que le buste se tourne vers la gauche. Étendez la main gauche vers la gauche, paume dirigée vers l'extérieur et vers le sol. Déplacez la main droite en courbe vers la gauche et vers le ciel, paume tournée vers l'intérieur. En même temps, ramenez le pied droit près du pied gauche, en levant le talon d'abord et en le posant au sol sur la pointe.

4- Passez le poids du corps sur la jambe droite. Simultanément, tournez le corps vers la droite. Montez la main droite vers la droite, paume dirigée vers l'intérieur et coude fléchi, en passant au niveau de l'épaule gauche puis du visage. En même temps, descendez la main gauche vers la droite, paume tournée vers le sol puis vers l'intérieur. Puis étendez le bras droit vers la droite, paume tournée vers l'extérieur et vers le sol, et remontez la main gauche jusqu'au niveau de l'avant-bras droit, paume tournée vers l'intérieur. Simultanément, déplacez votre pied gauche vers la gauche et posez le bord interne du pied au sol.

5- Passez le poids du corps sur la jambe gauche tandis que le buste se tourne vers la gauche. Descendez la main droite en courbe vers la gauche, paume dirigée vers l'intérieur. Simultanément, montez la main gauche en courbe vers la gauche, paume tournée vers l'intérieur, en passant au niveau de l'épaule gauche puis du visage.Tandis que le corps continue à se tourner vers la gauche, montez la main droite en courbe vers la gauche et vers le ciel, paume tournée vers l'intérieur. Continuez à étendre la main gauche vers la gauche, paume tournée vers l'extérieur puis vers le sol. Pendant ce temps, ramenez le pied droit vers le pied gauche, en levant le talon d'abord et en le posant au sol sur la pointe.

1

2

3

4

À SAVOIR

Cette séquence comporte une répétition de mouvements. Il faut répéter les figures 3 et 4, trois fois de suite.

CONSEILS

1. Les deux mains font leurs mouvements en sens opposé mais une main prédomine l'autre. Par exemple, si la main droite est en haut, elle prédomine et vice versa.
2. Dans cette séquence, on explique 1 série de « mouvoir les mains comme les nuages ». Nous vous proposons 3 séries. Mais on peut augmenter le nombre des séries jusqu'à 5 ou 7 – le nombre doit toujours être impair. Et il faut prévoir dans la séquence 17 un nombre correspondant, comme nous l'avons déjà indiqué.

29-Le simple fouet

1- Passez le poids du corps progressivement sur la jambe gauche; le corps continue à se tourner vers la gauche ; avancez le pied droit d'un demi-pas en le pivotant à 45° vers l'intérieur et posez-le sur le bord interne. La main gauche accompagne ce mouvement en allant en courbe vers la gauche et vers le haut, poignet plié, paume tournée vers l'extérieur. La main droite suit le mouvement, paume tournée vers l'intérieur et légèrement vers le sol.

2- Passez le poids du corps sur la jambe droite. Élevez le pied gauche, talon d'abord, et ramenez-le vers la cheville droite. Le coude gauche fléchit, la main gauche monte vers le visage du côté droit, paume tournée progressivement vers l'intérieur (légèrement oblique vers le haut).
Le bras droit effectue un mouvement de rotation vers la droite. Une fois étendue à droite, la main réunit les cinq doigts, les uns touchant les autres, leur extrémité tournée vers le sol.

3- Tournez le corps vers la gauche. Avancez le pied gauche d'un pas vers la gauche et vers l'avant en commençant par poser le talon au sol, puis le poids du corps va progressivement sur la jambe gauche jusqu'à ce que le pied tout entier soit enraciné dans le sol. (La jambe gauche est en forme d'arc, la jambe droite en position de soutien.)
Laissez la main droite dans la même position, les doigts réunis, pointe vers le sol. Simultanément au transfert du poids du corps, amenez la main gauche vers la gauche et vers l'avant en passant devant le visage (à une distance de 30 cm environ), paume tournée progressivement vers l'extérieur.

4- Le poids du corps passe progressivement sur la jambe droite. Simultanément, la pointe du pied gauche s'élève doucement. Quittez la position des cinq doigts réunis et ramenez le bras droit en courbe devant l'épaule, coude plié. Tournez le poignet gauche, paume tournée progressivement vers le ciel. Le regard est sur le mouvement de la main gauche.

30-Flattez l'encolure du cheval

Le poids du corps va complètement sur la jambe droite. Ramenez le pied gauche vers vous d'un demi-pas, la pointe en appui sur le sol. Gardez la jambe droite légèrement fléchie. Tournez le corps progressivement vers la gauche. Avec le mouvement du corps, avancez la main droite vers la gauche, doigts inclinés vers la gauche, paume tournée vers le sol. La main gauche revient vers la poitrine puis descend en courbe jusqu'au flanc gauche, doigts dirigés obliquement vers la droite, paume tournée vers le ciel. Le regard suit la poussée en avant de la main droite.

CONSEILS

1. **La jambe droite doit être bien « enracinée » dans le sol.**
2. **Les bras doivent être arrondis. Évitez de hausser les épaules. Les poignets doivent être en position « assise ».**

31-Séparez les pieds

I Séparez le pied droit

1- Le poids du corps est complètement sur la jambe droite, légèrement fléchie. Élevez le pied gauche sur la pointe et tournez le corps vers la droite.
Simultanément, amenez la main droite en courbe vers la droite, puis vers vous, paume vers le sol, tandis que la main gauche avance en courbe, paume vers le ciel.
2- Avancez le pied gauche d'un pas vers la gauche, en posant d'abord le talon. Montez la main gauche en lui faisant faire un mouvement horizontal de trois quarts de cercle dans le sens des aiguilles d'une montre, passez au-dessous du bras droit, coude plié.
La main droite effectue aussi un mouvement horizontal de trois quarts de cercle dans le sens des aiguilles d'une montre, passant au-dessus du bras gauche.
3- Le poids du corps se porte progressivement sur la jambe gauche tandis que le buste continue à se tourner vers la droite.
Avancez la main droite vers la droite, paume vers la gauche et face à l'avant-bras gauche, l'extrémité des doigts tendus vers le ciel.
4- Le poids du corps est complètement sur la jambe gauche. Tournez le corps vers la gauche.
En même temps, amenez la main gauche légèrement vers le haut et vers l'avant, tandis que la main droite descend en courbe

et va devant la main gauche, paume tournée vers l'intérieur : les deux mains se croisent au niveau de la poitrine (la main gauche est à l'intérieur).
Le regard est sur le croisement des mains.
5- Redressez la jambe gauche tout en gardant une légère flexion du genou. Élevez le pied droit vers la droite et vers l'avant, jusqu'au niveau du genou gauche. Simultanément, écartez les deux mains de chaque côté, les paumes tournées vers l'extérieur, doigts dirigés vers le haut.
6- Tendez alors la jambe droite en étendant le bras droit vers l'avant ; le bras gauche est étendu vers la gauche, légèrement en arrière. Le regard va au-delà de la main droite.

CONSEIL

Pour obtenir le meilleur équilibre possible du corps, il faut bien penser à respirer par l'abdomen.

4

5

6

II Séparez le pied gauche

7- Descendez le pied droit, posez-le sur le talon et fléchissez légèrement la jambe gauche. Tournez le corps vers la droite. La main gauche, coude plié, va vers la droite, tandis que la main droite avance, paume tournée vers le ciel.

8- Posez le pied droit au sol. Le poids du corps va progressivement sur la jambe droite. Tournez le corps vers la gauche. La main droite va en courbe devant la poitrine gauche, passant au-dessous du bras gauche, paume tournée obliquement vers le haut et vers l'intérieur.

La main gauche va en courbe vers l'avant et vers la gauche, passant au-dessus du bras droit, paume tournée vers l'avant et vers la droite. L'extrémité des doigts oblique vers le haut.

La jambe droite est en forme d'arc, la jambe gauche sert de soutien.

Le regard est sur le mouvement de la main gauche.

9- Le poids du corps passe complètement sur la jambe droite et le corps se tourne vers la droite.

La main droite se porte légèrement vers l'avant et vers le haut. La main gauche descend en courbe puis se met à l'extérieur de la main droite, paume tournée vers la poitrine : les deux mains se croisent.

10- Redressez légèrement la jambe droite, tout en gardant une légère flexion du genou. Simultanément, les deux mains s'écartent vers les deux côtés opposés, paumes tournées vers l'extérieur, doigts dirigés vers le haut.

11- Écartez le pied gauche vers la gauche et vers l'avant, en l'élevant obliquement jusqu'au niveau de la hanche tandis que le bras gauche s'étend vers l'avant.

Le regard va au-delà du bras gauche.

7

8

9

10

11

32-Tournez et donnez un coup de talon

1- Descendez le pied gauche, avec le genou plié comme suspendu en l'air. Pivotez le pied droit sur le talon d'un demi-tour vers la gauche.

2- La rotation effectuée, les deux mains reviennent et se croisent devant la poitrine.

3- Séparez les mains et écartez-les des deux côtés opposés. Donnez un coup de talon du pied gauche, en levant la jambe, les orteils dirigés vers le ciel.

CONSEIL

Pour donner le coup de pied, portez otre attention sur le talon.

33-Brossez les genoux et avancez d'un pas

I Brossez le genou gauche et avancez d'un pas

1- Posez le pied gauche devant vous (talon d'abord). Fléchissez légèrement la jambe droite. La main gauche revient vers le buste en descendant en courbe vers la gauche, paume vers le sol. La main droite descend en courbe vers la droite. Fléchissez le coude puis poussez la main droite vers l'avant en passant près de l'oreille.

2- Le poids du corps va progressivement sur la jambe gauche jusqu'à ce que le pied gauche s'enracine totalement dans le sol. La jambe gauche est en forme d'arc, la jambe droite sert de soutien. Simultanément, continuez à étendre la main gauche vers la gauche, puis descendez-la au-dessus du genou gauche (« brosser le genou »), paume face à la cuisse ; la main droite continue son mouvement de poussée en avant.

Le regard est droit devant soi, sur la « poussée » de la main droite.

II Brossez le genou droit et avancez d'un pas

3- Pivotez le pied gauche sur le talon de 45° vers la gauche. Le poid du corps va légèrement sur la jambe droite. Le corps se tourne aussi vers la gauche. Fléchissez le coude gauche et dirigez la main gauche vers le bras droit, paume tournée vers le buste. Tournez la main droite vers l'extérieur.

4- Le poids du corps passe progressivement sur la jambe gauche. Avancez le pied droit (en posant d'abord le talon au sol). Le corps continue à se tourner vers la gauche. Tandis que la main gauche monte en courbe vers la gauche, la main droite continue son trajet en courbe vers le devant du ventre, paume vers le sol. Flechissez le bras gauche (la main gauche est au niveau des oreilles).

5- Le poids du corps va progressivement sur la jambe droite jusqu'à ce que le pied droit soit enraciné dans le sol. Simultanément, tournez le corps vers la droite.

La main droite s'étend puis descend en courbe vers la droite, passant au-dessus du genou droit (« brosser le genou »), paume face au devant de la cuisse. La main gauche continue son mouvement en courbe pour avancer en « poussant ».

Le regard est sur la main droite, puis devant soi.

CONSEIL

Lorsque vous brossez le genou, gardez une distance de 2 à 3 cm entre la main et la cuisse.

1
2
3
4
5

34-Un pas en avant et un coup de poing vers le sol

1- Pivotez le pied droit sur le talon vers la droite (45°) et tournez le corps vers la droite. Le poids du corps va progressivement sur la jambe gauche puis revient sur la jambe droite. Le pied gauche, talon d'abord, se soulève. Simultanément avec le mouvement du corps, descendez la main gauche en courbe vers la droite, tandis que la main droite se tourne vers l'avant-bras gauche, paume vers le ciel.
2- Avancez le pied gauche d'un pas, en commençant par poser le talon sur le sol. La main gauche descend vers la hanche droite, tandis que la main droite poursuit son mouvement vers la droite et vers l'arrière, en fermant le poing près de la hanche droite.
3- Le poids du corps va progressivement sur la jambe gauche jusqu'à ce que le pied entier soit enraciné dans le sol. La jambe gauche est en forme d'arc, la jambe droite sert de soutien. Tournez le corps progressivement vers la gauche.
La main gauche descend en cercle et s'arrête au-dessus du genou gauche, paume face à celui-ci.
Ramenez le bras droit vers l'avant et donnez un coup de poing droit au niveau du genou gauche.

CONSEIL

Après le passage de la main gauche au-dessus du genou gauche (« brosser le genou »), le corps s'incline en même temps que le coup de poing vers le sol.

35-Se retourner et donner un coup de poing

1- Pivotez le pied gauche sur le talon de 135° vers la droite. Le poids du corps reste sur la jambe gauche. Redressez le corps et tournez-vous vers la droite.
Élevez le pied droit et posez-le, pointe du pied d'abord.
Simultanément, montez le poing droit en courbe, au-dessus du ventre, coude plié, poing tourné vers le sol, tandis que la main gauche monte en courbe vers le front, paume tournée vers l'extérieur.
2- Posez le pied droit d'abord sur le talon, puis portez tout le poids du corps progressivement sur la jambe droite (posez le pied droit légèrement écarté vers la droite). Continuez à tourner le corps vers la droite. Montez le bras droit vers l'avant en courbe et tournez le poignet en avant, poing vers le ciel.
3- Descendez le bras droit en courbe et faites-le reculer jusqu'à la hauteur de la hanche droite, poing tourné vers le ciel, tandis que le bras gauche « pousse » en avant.
Le regard est sur la poussée de la main gauche.

36-Pas en avant et coup de poing

1- Pivotez le pied gauche sur le talon vers la gauche (45° environ). Tournez le corps progressivement vers la gauche. La paume de la main gauche se dirige en arrière tandis que l'avant-bras se relève.
2- Passez le poids du corps sur la jambe gauche. Descendez la main droite et la main gauche en courbe vers la gauche jusqu'à la taille, puis fermez le poignet de la main droite tandis que le talon du pied droit se soulève.
L'attention est sur la descente de la main droite. Évitez de baisser la tête.
Les deux mains continuent leur mouvement circulaire en passant au niveau de l'oreille gauche (sans la dépasser en hauteur).
La paume de la main gauche, légèrement fléchie, accompagne le poing de la main droite tandis que le pied droit se dirige progressivement vers l'avant.
Le regard est sur la main droite, puis vers la droite.
3- Posez le talon du pied droit obliquement sur le sol et enracinez-le progressivement. Le poids du corps passe sur la jambe droite. Soulevez progressivement le pied gauche. Le corps se tourne progressivement vers la droite. Avec la rotation du corps, la main droite, poing fermé, s'élève en avant et vers la droite, passe en courbe près de la poitrine, le poing tourné vers l'intérieur et vers le haut. Puis la main droite descend et se retire en courbe vers la droite.
La main gauche pousse en courbe vers l'avant, passant près du bras droit, paume tournée vers la droite.
L'attention est sur la « poussée en avant » de la main gauche.
4- Avancez le pied gauche d'un pas et posez d'abord le talon sur le sol. Le corps continue à se tourner vers la droite.
Continuez la « poussée » vers l'avant de la main gauche. La main droite (poing fermé) se retire à côté de la taille, le poing tourné vers le haut.
Le regard est droit devant soi. L'attention est sur la main gauche.
5- Portez le poids du corps sur la jambe gauche ; le pied gauche s'enracine progressivement dans le sol. La jambe gauche est en forme d'arc, la jambe droite en position de soutien.
Le corps se tourne vers la gauche. En même temps que la rotation du corps, donnez un coup de poing de la main droite, le poing tourné vers le haut.
La main gauche se retire légèrement vers soi, poignet en position « assise », doigts vers le ciel à l'intérieur et près de l'avant-bras droit. Le regard est droit devant soi. L'attention est sur le coup de poing droit.

CONSEILS

1. Pour faire les pas successifs en avant, il faut avoir la légèreté et la souplesse d'un chat devant une souris, une vitesse rythmée et égale et une harmonie de tout le corps. Le premier pas du pied droit doit être plus large qu'un pas ordinaire. Gardez le corps bien droit.
2. Les mouvements des pas et les coups de poing doivent être synchronisés avec la rotation de la taille. Le premier coup de poing ne doit pas être trop éloigné du corps.

1
2
3
4
5

37-Donnez un coup de talon du pied droit

1- Pivotez le pied gauche sur le talon vers la gauche à 45° et tournez le corps aussi vers la gauche.
Le poids du corps passe progressivement sur la jambe gauche.
Simultanément au mouvement du corps, montez la main gauche vers la droite et vers l'avant, en tournant le poignet, paume tournée vers la poitrine.
Ouvrez le poing de la main droite et étendez le bras en avant.
2- Descendez la main droite en courbe vers la gauche, paume tournée vers la poitrine, et rapprochez la main gauche de la poitrine.
Croisez les mains : la main gauche est à l'intérieur de la main droite.
Levez la jambe droite, genou fléchi, pointe du pied vers le sol.
Le regard est sur le croisement des mains.
3- Séparez et écartez les deux mains vers les côtés opposés. Simultanément, donnez un coup de talon vers la droite, pointe du pied dirigée vers le ciel.
La jambe gauche garde une légère flexion du genou.
Le regard est sur l'écartement de la main droite.

CONSEILS

1. L'écartement des mains doit être synchronisé avec le coup de talon vers la droite, bras détendus, poignets en position « assise ».
2. Pour donner le coup de talon :
• maintenez le corps droit, sans balancement ;
• évitez les mouvements raides et saccadés du corps, surtout celui des épaules.
3. Pour obtenir le meilleur équilibre possible du corps, pensez à respirer par l'abdomen.

38-Frappez le tigre à gauche

1- Ramenez lentement le pied droit au sol, pointe d'abord, en fléchissant progressivement la jambe gauche, et posez-le à une vingtaine de centimètres du pied gauche. Passez le poids du corps progressivement sur la jambe droite. Simultanément avec le transfert du poids du corps sur la droite, amenez la main gauche en courbe vers la droite, paume tournée vers l'intérieur. Descendez un peu la main droite, paume tournée vers le sol.
Le regard est sur les deux mains.

2- Soulevez le pied gauche, talon d'abord, et posez-le obliquement au sol, vers la gauche. Le poids du corps passe progressivement sur la jambe gauche jusqu'à ce que le pied entier soit enraciné dans le sol. La jambe gauche est en forme d'arc, la jambe droite sert de soutien.
Tournez le corps vers la gauche. Simultanément, descendez la main gauche en courbe en passant au-dessus du genou gauche (« brosser le genou »), puis montez-la en courbe vers la gauche jusqu'au-dessus du front, en fermant le poing, paume tournée vers l'extérieur. Dans le même temps, fermez le poing de la main droite et descendez-la devant la poitrine, coude plié. Les deux poings sont sur une même ligne verticale.
Le regard est droit devant soi.

1

2

39-Frappez le tigre à droite

1- Pivotez le pied gauche sur le talon vers la droite. Puis soulevez le talon droit et pivotez sur la pointe du pied. Le poids du corps est entièrement sur la jambe gauche.
Ouvrez le poing de la main gauche et descendez le bras gauche en courbe vers la gauche, paume tournée vers le sol. Ouvrez le poignet de la main droite et placez-la devant le bras gauche, paume tournée vers le ciel et l'intérieur.
Le regard est droit devant soi.

2- Continuez à tourner le corps vers la droite. Posez le pied droit obliquement vers la droite. Le poids du corps va progressivement sur la jambe droite jusqu'à ce que le pied entier soit enraciné dans le sol. La jambe droite est en forme d'arc, la jambe gauche sert de soutien.

3- Simultanément avec le mouvement du corps et le transfert de son poids, descendez la main droite en courbe vers la droite, faites-la passer au-dessus du genou droit (« brosser le genou ») avant de la faire remonter en courbe vers la droite jusqu'au-dessus du front, en fermant le poing, paume tournée vers l'extérieur. Simultanément, fermez le poing de la main gauche et descendez-la au-devant de la poitrine, coude plié, au-dessous du poing droit.
Le regard est droit devant soi.

40-Tournez et donnez un coup de talon du pied droit

1- Pivotez le pied gauche vers la gauche et tournez le corps vers la gauche. Le poids du corps passe progressivement sur la jambe gauche. Puis pivotez sur le talon du pied droit vers la gauche.
Montez la main gauche en avant et vers la gauche tandis que la main droite va en courbe vers la gauche de sorte que les deux mains se croisent, la main gauche à l'intérieur, les deux paumes tournées vers la poitrine.
Le regard est sur la main gauche, puis devant soi.
2- Écartez les deux mains vers les deux côtés opposés, coudes pliés, et simultanément levez la jambe droite, genou fléchi, pointe du pied vers le sol.
3- Donnez un coup de talon vers la droite, pointe du pied vers le ciel, et étendez les bras sur les côtés.
La jambe gauche garde une légère flexion du genou.

CONSEIL

L'écartement des mains doit être synchronisé avec le coup de talon vers la droite.

1

2

3

41-Frappez les oreilles de l'adversaire avec les poings

1- Ramenez le pied droit au niveau du genou droit et pivotez le pied gauche sur le talon vers la droite (45°) ; le corps se tourne aussi vers la droite.
Descendez les deux mains en courbe devant vous, jusqu'au niveau des hanches, poignets arrondis, paumes tournées vers le ciel, coudes pliés (la distance entre les deux mains doit être égale à la largeur des épaules).
Fléchissez légèrement la jambe gauche et faites un pas obliquement, en avant et vers la droite, avec le pied droit (talon d'abord).

2- Le poids du corps va progressivement sur la jambe droite jusqu'à ce que le pied entier soit enraciné dans le sol. La jambe droite est en forme d'arc, la jambe gauche sert de soutien. Simultanément, montez les deux mains en courbe au-dessus du front en fermant les poings, poignets arrondis, et « frappez les oreilles de l'adversaire ».
Le regard est droit devant soi.

CONSEILS

1. Veillez à avoir une respiration abdominale.
2. Détendez les épaules.

42-Donnez un coup de talon du pied gauche

1- Pivotez le pied droit sur le talon vers la droite.
Le poids du corps passe progressivement sur la jambe droite. Tournez le corps vers la droite.
Levez le pied gauche vers l'avant, genou fléchi. Simultanément, écartez les deux mains en ouvrant les poings, puis descendez-les en courbe devant le ventre, et remontez-les en courbe. Pour finir, croisez-les (main droite à l'intérieur), les deux paumes tournées vers la poitrine.
Le regard est sur le mouvement circulaire des mains en descente, puis droit devant soi.

2- Écartez les deux mains dans les deux directions opposées.
Donnez lentement un coup de talon avec le pied gauche vers la gauche ; la jambe droite garde le genou légèrement fléchi.
L'attention est sur l'écartement de la main gauche, le regard est lointain, au-delà de la main gauche.

CONSEILS

1. N'oubliez pas que l'écartement des mains doit être synchronisé avec le coup de talon du pied gauche.
2. N'oubliez pas de respirer par le ventre.

1

2

43-Se retourner et donner un coup de talon du pied droit

1- Pivotez sur la pointe du pied droit vers la droite d'un tour complet et tournez le corps vers la droite et en arrière. Simultanément, descendez le pied gauche vers l'avant et vers la droite et posez-le, pointe d'abord, à côté de la cheville droite.

2- Le poids du corps va progressivement sur la jambe gauche jusqu'à ce que le pied soit enraciné dans le sol. Fléchissez un peu la jambe gauche et soulevez le pied droit, pointe vers le sol.

Croisez les deux mains, main droite à l'extérieur, les paumes tournées vers la poitrine.

Le regard est sur le croisement des mains.

3- Écartez les deux mains vers les deux directions opposées. Simultanément, donnez un coup de talon avec le pied droit, orteils dirigés vers le ciel.

Gardez la jambe gauche légèrement fléchie.

Le regard est sur l'écartement de la main droite, au-dessus de celle-ci.

CONSEILS

1. Pour réaliser un mouvement souple et harmonieux du corps, pivotez sur la pointe du pied droit pour tourner et travaillez bien le mouvement du pied gauche.

2. Le croisement des mains et le mouvement tournant du corps doivent commencer et se terminer en même temps.

44-Pas en avant et coup de poing

1- Fléchissez progressivement la jambe gauche et posez le pied droit obliquement sur le sol (talon d'abord). Tournez le corps progressivement vers la droite. La main droite descend en courbe vers la gauche, passe devant le ventre puis remonte en avant, passe près de la poitrine, paume de la main vers vous. En même temps, la main gauche descend vers l'avant-bras droit puis remonte en courbe et pousse vers l'avant, paume tournée vers la droite. L'attention est sur la « poussée en avant » de la main gauche.

2- Le poids du corps va progressivement sur la jambe droite jusqu'à ce que le pied soit enraciné dans le sol. Soulevez progressivement le pied gauche et avancez-le d'un pas, en posant d'abord le talon au sol. Continuez à tourner le corps vers la droite. La main gauche continue sa « poussée » vers l'avant, tandis que la main droite, poing fermé, descend en courbe vers la droite et se retire vers l'arrière, au niveau de la taille, poing tourné vers le haut. L'attention est sur la main gauche.

3- Le poids du corps va progressivement sur la jambe gauche, le pied gauche s'enracine dans le sol. La jambe gauche est en forme d'arc, la jambe droite en position de soutien. Tournez le corps légèrement vers la gauche. En même temps, donnez un coup de poing de la main droite et ramenez la main gauche légèrement vers soi, coude plié, les doigts vers le haut et vers l'avant, près de l'avant-bras droit. Le regard est droit devant soi. L'attention est sur le coup de poing droit.

45-Fermeture apparente

1- Faites un pas en arrière en pliant la jambe droite. Le poids du corps va progressivement sur la jambe droite.
Simultanément, dirigez la main gauche vers la droite en la faisant passer au-dessous du coude droit, poignet en position « assise », paume tournée vers soi.
Ouvrez le poing de la main droite, coude plié, et descendez le bras droit en courbe vers vous, paume tournée vers l'intérieur.
2- Croisez les deux bras au niveau des épaules, les doigts vers le haut.
Séparez les deux mains vers les deux côtés, paume droite tournée vers la gauche, paume gauche tournée vers la droite (la distance entre les deux mains doit être plus petite que la largeur des épaules).
3- Le poids du corps est entièrement sur la jambe droite. Reculez les deux bras en même temps que le buste.
4- Le poids du corps va progressivement sur la jambe gauche (en forme d'arc).
Simultanément, poussez les deux mains vers l'avant (« an »), les deux poignets en position « assise », paumes tournées vers l'extérieur obliquement.
L'attention est sur l'action « an » des mains.

46-Croisez les mains

1- Pivotez le pied gauche sur le talon vers la droite (90°). Tournez le corps vers la droite. Étendez la main droite vers la droite en passant au niveau du front, paume tournée vers l'extérieur, avant d'étendre les bras des deux côtés.

2- Le poids du corps va progressivement et complètement sur la jambe gauche. Levez progressivement le pied droit (le talon quitte le sol le premier puis le reste du pied suit) et placez-le parallèlement au pied gauche, en posant sur le sol la pointe d'abord, puis le reste du pied (maintenez une distance entre les deux pieds de la largeur des épaules).

Passez le poids du corps sur la jambe droite. Redressez les deux jambes en gardant les genoux fléchis.

Descendez les deux mains, paumes vers l'intérieur, et croisez-les devant la poitrine, paumes toujours tournées vers l'intérieur, à une distance de 20 cm du cou.

Le regard est droit devant soi.

1

2

TROISIÈME PARTIE

SÉQUENCES 47 À 85

47-Emportez le tigre dans la montagne

I Brossez le genou droit et avancez d'un pas

1- Pivotez le pied gauche sur le talon vers l'intérieur. Les deux genoux fléchissent progressivement.
Le poids du corps va progressivement sur la jambe gauche. Soulevez le pied droit (le talon quitte le sol le premier).
Simultanément, tournez le corps vers la droite.

2- Avec la rotation du corps, la main gauche descend devant la poitrine, monte en courbe vers la gauche au niveau de l'épaule, paume tournée vers le haut puis vers le bas.
Le coude droit descend avec la main droite, paume tournée vers le bas.
Le regard est sur la montée de la main gauche, puis vers la droite.
Avancez le pied droit d'un pas vers la droite en commençant par poser le talon au sol, puis portez le poids du corps sur la jambe droite jusqu'à ce que le pied tout entier soit « enraciné » dans le sol. La jambe droite est en forme d'arc, la jambe gauche en soutien.
Continuez à tourner le corps vers la droite.

3- Avec la rotation du corps, la main droite continue à descendre en passant au-dessus du genou droit (« brosser le genou droit »), jusqu'à la hauteur de la hanche. La main gauche poursuit son action, passe près de l'oreille gauche, puis « pousse » vers l'avant.
Le regard est légèrement sur la main droite « brossant le genou droit », puis droit devant soi. L'attention est sur la « poussée » de la main gauche.

II « Li » (Tirer en arrière)

4- Le poids du corps va progressivement sur la jambe gauche. Le corps se tourne progressivement vers la gauche.
Simultanément, le coude gauche descend, en tournant le poignet, paume tournée vers le haut ; la main droite monte en courbe devant la main gauche, passant à l'intérieur du bras gauche, paume tournée vers l'extérieur et vers le bas.

5- Les deux bras (coudes légèrement pliés et abaissés) continuent à aller vers la gauche (action « li ») : la main gauche est devant la poitrine gauche et la main droite devant la poitrine droite.
Au début de l'action « li » vers la gauche, l'attention visuelle est sur le bras droit.
À la fin, l'attention visuelle se porte sur la main gauche. Puis le regard est droit devant soi.

CONSEILS

1. Les deux bras doivent être dégagés du corps sans en être trop éloignés. Les deux coudes pliés protègent la poitrine.
2. Pendant l'action « li » vers la gauche et la rotation de la taille, le corps doit rester bien droit.

1
2
3
4
5

III « Chi » (Presser en avant)

6- Tournez le corps légèrement vers la droite.
Le poids du corps passe progressivement sur la jambe droite. La jambe droite est en forme d'arc, la jambe gauche en soutien.
Tournez le poignet droit, paume vers le haut, puis le poignet gauche, paume vers le bas.
Le bras droit est arrondi devant la poitrine droite, le coude plus bas que le poignet.
La main gauche se retrouve face à l'avant-bras droit.

7- Poussez l'avant-bras droit et la main gauche vers l'avant. Ce mouvement constitue l'action « chi ». Le poids du corps est sur la droite.
Le regard est droit devant soi.
L'attention visuelle est sur le bras droit.

CONSEILS

Évitez de hausser les épaules qui doivent rester détendues et abaissées. Les coudes sont détendus et plus bas que les poignets.
Le postérieur ne doit pas être saillant.

IV « An » (Repousser)

8- Tournez le poignet droit, paume vers le sol. La main gauche passe au-dessus de la main droite puis s'en écarte de la largeur des épaules. Les deux paumes sont tournées vers le sol.

9- Pliez les deux coudes progressivement vers le bas pour amorcer la descente et le retrait vers soi des deux mains. Le poids du corps passe progressivement sur la jambe gauche.
Le regard est droit devant soi. L'attention visuelle est sur le retrait des deux mains.

10- Repoussez en montant vers l'avant avec les deux mains jusqu'à ce que les poignets soient au niveau des épaules.
Ce mouvement constitue l'action « an ».
La jambe droite est en forme d'arc, la jambe gauche en soutien.
Le regard est droit devant soi. L'attention visuelle est sur l'action « an » des mains.

CONSEILS

1. Le recul des mains doit être synchronisé avec celui du corps.
2. Gardez les épaules détendues. Les coudes ne doivent pas être saillants.

6

7

8

9

10

48-Le simple fouet oblique

1- Le poids du corps va progressivement sur la jambe gauche. Les paumes des deux mains sont tournées vers le sol.
2- Pivotez le pied droit sur le talon le plus possible vers l'intérieur. Simultanément, tournez le corps vers la gauche. Le poids du corps revient sur la jambe droite. Coudes légèrement fléchis, paumes inclinées vers le sol, tournez les deux mains vers la gauche (gardez-les au niveau des épaules).
Le regard précède légèrement la rotation du corps.
3- Le poids du corps est sur la jambe droite. Élevez le pied gauche sur la pointe et tournez le corps vers la droite, ainsi que les deux mains en traçant un demi-cercle près de la poitrine (gardez les mains au niveau des épaules). Le bras droit est étendu vers la droite, le bras gauche, coude fléchi, aussi. Les paumes des deux mains sont tournées vers le sol.
Le regard suit le mouvement du corps. L'attention visuelle est sur la main droite.
4- Réunissez les cinq doigts de la main droite, pointes dirigées vers le sol et, simultanément, retournez la main gauche et montez-la légèrement en courbe, paume tournée vers le ciel.
5- Tournez le corps vers la gauche. Avancez le pied gauche d'un pas vers la gauche (talon d'abord).
Le poids du corps va progressivement sur la jambe gauche jusqu'à ce que le pied entier soit enraciné dans le sol (la jambe gauche est en forme d'arc, la jambe droite en position de soutien).
La main droite, pointe des doigts réunis vers le sol, continue à s'étendre vers la droite alors que la main gauche se déplace vers la gauche en passant devant le visage (à une distance de 30 cm environ), paume tournée progressivement vers l'extérieur, et « pousse » vers l'avant.
Le regard précède le mouvement de la main gauche.

CONSEILS

1. Les mouvements des mains doivent être simultanés et en harmonie avec la rotation de la taille. Les deux coudes, légèrement pliés et inclinés vers le sol, doivent agir également simultanément. Une distance égale et constante doit être maintenue entre les deux bras.
2 Ne vous penchez ni en avant ni en arrière, ni vers la droite ni vers la gauche.
3. À la fin du mouvement, les bras et les jambes doivent se trouver respectivement vers la même direction et dans le même axe. La flexion du genou gauche ne doit pas dépasser la pointe du pied.

1
2
3
4
5

49-Séparez la crinière du cheval sauvage

I Séparez la crinière à droite

1- Pivotez le pied gauche (90°) sur le talon vers la droite. Tournez le corps légèrement vers la gauche. Le poids du corps va progressivement sur la jambe gauche. Ramenez le pied droit près de la cheville gauche. Descendez la main gauche en courbe devant la poitrine, le coude plié. La main droite abandonne la « position des cinq doigts réunis » et descend en courbe vers la gauche en passant devant le ventre, paume tournée vers le haut et vers la gauche.

2- Avancez le pied droit d'un pas légèrement sur la droite en posant d'abord le talon sur le sol. Tournez le corps vers la droite. Le poids du corps va sur la jambe droite jusqu'à ce que le pied entier soit enraciné dans le sol. La jambe droite est en forme d'arc, la jambe gauche sert de soutien. Simultanément, montez la main droite vers la droite et vers l'avant, jusqu'au niveau du front, paume tournée vers la gauche. La main gauche descend en courbe jusqu'à la hanche, paume tournée vers le sol.

II Séparez la crinière à gauche

3- Pivotez le pied droit sur le talon vers la droite. Le poids du corps passe sur la jambe gauche. Tournez le corps légèrement vers la droite. Le poids du corps revient progressivement sur la jambe droite. Avancez le pied gauche en le passant près de la cheville du pied droit. Descendez la main droite devant la poitrine, en tournant progressivement le poignet, paume tournée vers le sol. Montez la main gauche en courbe devant le ventre, paume tournée vers la droite et vers le ciel.

1

2

3

4- Posez le pied gauche (talon d'abord) sur le sol. Tournez le corps légèrement vers la gauche. Le poids du corps va progressivement sur la jambe gauche jusqu'à ce que le pied entier soit enraciné dans le sol. La jambe gauche est en forme d'arc, la jambe droite sert de soutien.
Montez la main gauche obliquement vers la gauche et vers l'avant, jusqu'au niveau du front, paume tournée vers la droite. La main droite descend en courbe jusqu'à la hanche, paume tournée vers le sol.

III Séparez la crinière à droite

5- Pivotez le pied gauche sur le talon vers la gauche. Le poids du corps passe progressivement sur la jambe droite. Tournez le corps légèrement vers la gauche. Le poids du corps revient progressivement sur la jambe gauche. Avancez le pied droit en passant près de la cheville gauche. Descendez la main gauche devant la poitrine, poignet arrondi, paume tournée vers le sol, tandis que la main droite monte en courbe devant le ventre, paume tournée vers la gauche et vers le ciel.

6- Avancez le pied droit d'un pas légèrement sur la droite, en posant d'abord le talon sur le sol. Tournez le corps légèrement vers la droite. Le poids du corps revient progressivement sur la jambe droite jusqu'à ce que le pied entier soit enraciné dans le sol. La jambe droite est en forme d'arc, la jambe gauche sert de soutien.
Montez la main droite obliquement vers la droite et vers l'avant, jusqu'au niveau du front, paume tournée vers la gauche. La main gauche descend en courbe jusqu'à la hanche, paume tournée vers le sol.

50-Saisissez la queue de l'oiseau

I « Pen » (Parer) gauche

1- Passez le pied gauche à côté de la cheville droite. Montez l'avant-bras droit en courbe jusqu'au niveau de la poitrine, dans le sens contraire des aiguilles d'une montre, paume de la main droite vers le sol.
Passez la main gauche devant le ventre et amenez-la vers la droite en tournant la paume vers le ciel. Les bras sont arrondis et le coude droit incliné vers le sol.
Le regard est droit devant soi et suit le mouvement du corps.

2- Pliez davantage la jambe droite. Le pied gauche avance d'un pas en oblique vers la gauche : posez au sol le talon d'abord, puis le poids du corps va progressivement sur la jambe gauche jusqu'à ce que le pied entier soit enraciné dans le sol. La jambe gauche est fléchie en forme d'arc de cercle.
Pendant que le pied gauche avance, le corps se tourne légèrement vers la gauche ; une fois le pied gauche posé sur le sol, tournez le corps progressivement vers la droite.
En même temps, le bras gauche exécute « pen gauche » : l'avant-bras gauche monte en courbe à hauteur de l'épaule, le coude légèrement fléchi et le poignet légèrement replié vers l'intérieur.
La main droite descend en courbe jusqu'à la hanche, paume tournée vers le sol, doigts en avant, poignet en position « assise ».

II « Pen » (Parer) droit

3- Portez tout le poids du corps sur la jambe gauche : le corps se tourne vers la gauche, le pied droit passe en courbe près de la cheville gauche ; le coude gauche descend vers la gauche et accompagne la main gauche qui

1

2

3

se rapproche de la poitrine gauche, paume tournée vers le sol et vers la droite. Montez la main droite en courbe jusqu'au ventre, paume tournée vers le ciel et vers la gauche. Les bras sont arrondis. Le regard suit le mouvement.

4- Avancez le pied droit d'un pas – talon d'abord – et enracinez-le dans le sol. Le poids du corps passe sur la jambe droite, fléchie en forme d'arc ; le corps se tourne vers la droite. En même temps, le bras droit exécute « pen droit » : l'avant-bras droit monte en courbe vers la droite à hauteur de l'épaule, coude légèrement plus bas que la main. La main gauche accompagne la main droite. Le regard est devant soi.

III « Li » (Tirer vers l'arrière)

5- Tournez lentement le corps vers la droite ; le poids du corps est toujours sur la jambe droite. La main droite se déplace vers la droite, la paume de la main se tourne vers l'extérieur et vers le bas. Le bras gauche suit le mouvement de la taille, tandis que la paume de la main gauche se tourne vers le haut et vers l'extérieur.

6- Le corps se tourne vers la gauche, le poids du corps passe sur la jambe gauche. Les bras le suivent. À la fin de la rotation, le bras droit est étendu, la paume dirigée vers l'arrière ; le coude gauche est fléchi, la paume de la main tournée vers le haut et l'intérieur. Le regard passe du bras droit à la main gauche puis est devant soi.

CONSEILS

1. Les bras doivent être dégagés du corps sans en être trop éloignés. Les deux bras protègent la poitrine.
2. Le principe de « li » réside dans la simultanéité de l'exécution par les mains, les bras, les jambes et les pieds.

IV - « Chi » (Presser en avant)

7- Tournez lentement le corps vers la droite ; le poids du corps reste sur la jambe gauche. Simultanément, le bras droit fléchit progressivement et la paume de la main gauche se tourne vers le sol et l'extérieur. Le bras droit est arrondi devant la poitrine, avec le coude plus bas que le poignet. La paume de la main gauche fait face à l'avant-bras droit.

8- L'avant-bras droit et la main gauche « poussent » vers l'avant. Le poids du corps passe progressivement sur la jambe droite. Ce mouvement est le « chi ».
Le regard est droit devant soi, l'attention visuelle sur le bras droit.

CONSEILS

1. Pendant l'exécution de ce mouvement, le corps doit être droit et vertical. Évitez de hausser les épaules qui doivent rester détendues et abaissées. Les coudes sont plus bas que les poignets.

2. Tout pas doit être souple et léger comme la marche d'un chat vers une souris. Par exemple : quand le pied droit avance et se pose au sol, la jambe gauche fléchit un peu afin que le mouvement soit souple et léger.
Le genou ne doit pas dépasser la pointe du pied de cette jambe.

V « An » (Repousser)

9- Le poignet droit effectue une rotation, paume vers le sol, puis la main gauche passe au-dessus de la main droite. L'écart entre les deux mains, paumes tournées vers le sol, doit être de la largeur des épaules.

10- Les deux coudes se plient progressivement vers le bas pour descendre. Le poids du corps va progressivement sur la jambe gauche.
Le regard est droit devant soi. L'attention visuelle est sur le retrait vers soi des deux mains.

11- Les deux mains repoussent en montant vers l'avant jusqu'à ce que les poignets soient au niveau des épaules.
Ce mouvement s'appelle « an ».
La jambe droite est en forme d'arc, la jambe gauche sert de soutien. L'attention visuelle est sur l'action « an » des mains.

CONSEIL

Les mouvements doivent être harmonieux et coordonnés pour se conformer à la règle : « Quand un membre est en mouvement, tout le corps est en mouvement ; quand un membre est au repos, tout le corps est au repos. »

7
8
9
10
11

51-Le simple fouet

1- Portez le poids du corps progressivement sur la jambe gauche et tournez les deux paumes vers le sol.
2- Pivotez le pied droit sur le talon le plus possible vers l'intérieur. Puis pivotez le pied gauche sur la pointe d'environ 90°. Le poids du corps revient alors sur la jambe droite.
Les bras, légèrement fléchis, suivent la rotation vers la gauche, tandis que les deux mains décrivent un arc de cercle, paumes tournées vers le sol.
Le regard horizontal suit le mouvement du corps. L'attention visuelle est sur la main droite.

3- Le poids du corps reste sur la jambe droite.
Les deux mains se rapprochent de la poitrine, les coudes fléchis, puis s'étendent vers l'arrière tout en restant à hauteur de la poitrine. Les paumes sont toujours tournées vers le sol. Le bras droit s'étend progressivement, tandis que le bras gauche reste fléchi, main au niveau de l'épaule droite.
Réunissez les extrémités des cinq doigts de la main droite, pointe dirigée vers le sol. La paume de la main gauche se tourne vers l'intérieur et légèrement vers le haut.

1

2

4- Le pied gauche avance d'un pas vers la gauche en posant d'abord le talon au sol, puis le poids du corps va progressivement sur la jambe gauche.
Dans le même temps, la main gauche se déplace vers la gauche, paume devant le visage (à une distance d'environ 30 cm). Une fois le corps entièrement tourné vers la gauche, pivotez la main gauche, paume tournée vers l'extérieur, et poussez le bras gauche vers l'avant, poignet fléchi.
Le regard se tourne vers la gauche et précède le mouvement de la main gauche.

CONSEILS

1. Les mouvements des deux mains doivent être simultanés et en harmonie avec la rotation de la taille. Les coudes, légèrement pliés et inclinés vers le sol, doivent agir également avec souplesse et simultanément. Une distance égale et constante doit être maintenue entre les deux bras.
2. Le corps doit être droit et vertical. Ne vous penchez pas en avant ni en arrière, ni vers la droite ni vers la gauche.
3. Les épaules, les coudes et la taille doivent être détendus et relâchés.
4. La flexion du genou gauche ne doit pas dépasser la pointe du pied.

52-La fille de Jade tisse et lance ses navettes aux quatre coins de l'horizon

I Lancez la navette à gauche une première fois

1- Pivotez le pied gauche sur le talon vers la droite et tournez le corps vers la droite. Les cinq doigts de la main droite sont toujours réunis. Accompagnant le mouvement du corps, déplacez la main gauche vers la droite en passant devant le visage, paume dirigée vers la droite puis vers le haut jusqu'en dessous du bras droit. Abandonnez alors la position des cinq doigts réunis de la main droite et tournez la paume de la main vers le ciel. Le poids du corps va progressivement sur la jambe gauche. Avancez le pied droit d'un pas vers la droite, en posant le talon d'abord au sol.

2- Le poids du corps va progressivement sur la jambe droite jusqu'à ce que le pied entier soit enraciné dans le sol. Avancez le pied gauche d'un pas vers l'avant en passant près de la cheville droite et en posant d'abord le talon sur le sol. Au même moment, l'avant-bras gauche fait le mouvement « pen » en avant et vers le haut, passant au-dessous de l'avant-bras droit. Pliez le coude droit et descendez la main droite vers l'épaule droite, paume vers l'intérieur.

3- Le poids du corps va progressivement sur la jambe gauche. Tournez le corps vers la gauche. La jambe gauche est en forme d'arc, la jambe droite sert de soutien. L'avant-bras gauche se tourne vers

l'extérieur en montant, poignet arrondi, paume tournée vers le haut et vers l'extérieur.
La main gauche se place au-dessus du front, tandis que la main droite pousse vers l'avant.
Le regard est droit devant soi.

II Lancez la navette à droite une première fois

4- Ramenez le poids du corps sur la jambe droite. Simultanément, les paumes des deux mains se tournent vers le sol, tandis que la main gauche s'abaisse. Les coudes des deux bras sont pliés.
5- Pivotez le pied gauche sur le talon vers la droite puis pivotez le pied droit sur le talon, tout en tournant le corps vers la droite.
Le poids du corps va progressivement sur la jambe gauche. Étendez la main droite vers la droite, puis faites-la revenir vers vous, sous le bras gauche, paume vers le ciel. La main gauche, coude plié, suit le mouvement de rotation du corps et pivote, paume dirigée vers l'intérieur et le ciel. Ramenez le pied droit près du pied gauche, en le posant sur la pointe.
6- Avancez le pied droit obliquement d'un pas, en posant d'abord le talon. Au même moment, élevez l'avant-bras droit vers l'avant, coude fléchi, paume de la main dirigé vers l'intérieur (mouvement de « pen »).
Le coude du bras gauche est fléchi.
La main gauche, paume tournée vers l'intérieur, est au niveau de l'épaule gauche.

7- Le poids du corps va progressivement sur la jambe droite, tandis que le pied droit s'enracine dans le sol. Tournez le corps vers la droite. Tournez l'avant-bras droit vers l'extérieur en montant, paume tournée vers l'extérieur et vers le ciel. La main se place au-dessus du front. La main gauche pousse vers l'avant.
L'attention est sur la poussée de la main gauche.

III Lancez la navette à gauche une deuxième fois

8- Ramenez le poids du corps sur la jambe gauche. Simultanément, tournez les paumes des deux mains vers le sol et abaissez la main droite. Les coudes des deux bras sont pliés.
9- Pivotez le pied droit sur le talon vers la droite puis pivotez le pied gauche sur le talon, tout en tournant le corps vers la gauche.
Le poids du corps va progressivement sur la jambe droite. En accompagnant le mouvement du corps, tournez les paumes des deux mains vers le ciel. La main gauche va sous le bras droit ; la main droite, coude fléchi, est au niveau de l'épaule gauche.
Le poids du corps est complètement sur la jambe droite.
10- Avancez le pied gauche obliquement d'un pas, en posant d'abord le talon. Au même moment, élevez l'avant-bras gauche vers l'avant, coude fléchi, paume de la main tournée vers l'intérieur (mouvement de « pen »). Le coude du bras droit est fléchi. La paume de la main droite, tournée vers l'intérieur, est au niveau de l'épaule droite.
L'attention est sur le mouvement « pen » de l'avant-bras gauche.
11- Le poids du corps va progressivement sur la jambe gauche. Tournez le corps vers la gauche.
La jambe gauche est en forme d'arc, la jambe droite sert de soutien. Tournez l'avant-bras gauche vers l'extérieur en montant, poignet arrondi, paume tournée vers le haut et vers l'extérieur, la main au-dessus du front. La main droite pousse vers l'avant. L'attention est sur la poussée de la main droite.

7

8

9

10

11

IV Lancez la navette à droite une deuxième fois

12- Ramenez le poids du corps sur la jambe droite. Simultanément, tournez les paumes des deux mains vers le sol et abaissez la main gauche. Les coudes des deux bras sont pliés.

13- Pivotez le pied gauche sur le talon vers la gauche puis pivotez le pied droit sur le talon, tout en tournant le corps vers la droite. Le poids du corps va progressivement sur la jambe gauche.
En accompagnant le mouvement du corps, tournez les paumes des deux mains vers le ciel.
La main droite va sous le bras gauche, la main gauche, coude fléchi, est au niveau de l'épaule droite. Le poids du corps est complètement sur la jambe gauche.

14- Avancez le pied droit obliquement d'un pas, en posant d'abord le talon.
Au même moment, élevez l'avant-bras droit vers l'avant, coude fléchi, paume de la main tournée vers l'intérieur (mouvement de « pen »). Le coude du bras gauche est fléchi. La paume de la main gauche, tournée vers l'intérieur, est au niveau de l'épaule gauche.
Le regard est vers la droite. L'attention est sur le mouvement « pen » de l'avant-bras droit.

15- Le poids du corps va progressivement sur la jambe droite. Tournez le corps vers la droite (le pied droit s'enracine dans le sol). Tournez l'avant-bras droit vers l'extérieur en montant, poignet arrondi, paume tournée vers l'extérieur et vers le haut, main au-dessus du front.
Poussez la main gauche vers l'avant.
Le regard est droit devant soi. L'attention est sur la poussée de la main gauche.

CONSEILS

1. Dans chaque mouvement du corps « tournant » et dans l'avancement des pas, maintenez le corps droit, coordonnez harmonieusement tous les mouvements et évitez de hausser des épaules.
2. Quand une main est poussée en avant et qu'un pied est en forme d'arc, la pointe du pied, le genou, le corps et le visage doivent se trouver dans le même axe.

12

13

14

15

53-Saisissez la queue de l'oiseau

I « Pen » (Parer) gauche

1- Le poids du corps passe sur la jambe gauche. Simultanément, descendez la main droite, coude plié, devant la poitrine, paume tournée vers le sol et l'extérieur, poignet fléchi. Descendez la main gauche vers la droite jusqu'au niveau du ventre, paume tournée vers l'intérieur et le ciel, coude fléchi.

2- Pivotez le pied droit vers la gauche sur le talon (45°) puis pivotez le pied gauche sur la pointe. Tournez le corps vers la gauche tandis que le poids du corps passe progressivement sur la jambe droite. Simultanément, passez la main gauche sous le bras droit, au niveau du ventre, paume tournée vers le ciel. Le coude du bras droit est fléchi, la paume de la main est tournée vers l'extérieur et le sol.

3- Fléchissez davantage la jambe droite et avancez le pied gauche d'un pas en oblique vers la gauche, en commençant par poser le talon au sol.
Le poids du corps passe progressivement sur la jambe gauche jusqu'à ce que le pied entier soit enraciné dans le sol. Une fois le pied gauche posé au sol, tournez le corps progressivement vers la droite. La jambe gauche est fléchie en forme d'arc, la jambe droite sert de soutien.
En même temps, le bras gauche effectue l'action de « pen » : l'avant-bras gauche monte en courbe à hauteur de l'épaule, le coude légèrement fléchi et le poignet légèrement replié vers l'intérieur, paume tournée vers le ciel et la droite. Descendez la main droite en courbe jusqu'à la hanche, doigts en avant, poignet « assis ».

II « Pen » (Parer) droit

4- Portez progressivement tout le poids du corps sur la jambe gauche : le corps se tourne vers la gauche, le pied droit passe en courbe près de la cheville gauche, tandis que le coude gauche descend vers la gauche et accompagne la main gauche qui se rapproche de la poitrine gauche, paume tournée vers le sol et vers la droite. Montez la main droite en courbe jusqu'au ventre, paume tournée vers le ciel et vers la gauche. Les bras sont arrondis.
Le regard suit le mouvement, droit devant soi.

5- Avancez le pied droit d'un pas – talon d'abord – et enracinez-le dans le sol. Le poids du corps passe progressivement sur la jambe droite, fléchie en forme d'arc, tandis que le corps se tourne vers la droite. En même temps, le bras droit exécute « pen droit » : l'avant-bras droit monte en courbe vers la droite à hauteur de l'épaule, coude légèrement plus bas que la main. La main gauche accompagne la main droite. Le regard est droit devant soi.

III « Li » (Tirer vers l'arrière)

6- Tournez lentement le corps vers la droite ; le poids du corps est toujours sur la jambe droite. La main droite se déplace vers la droite, tandis que la paume de la main se tourne vers l'extérieur et vers le bas.
Le bras gauche suit le mouvement de la taille tandis que la paume de la main gauche se tourne vers le ciel et vers l'extérieur.

7- Le corps se tourne progressivement vers la gauche, le poids du corps passe sur la jambe gauche. À la fin de la rotation, le bras droit est étendu, la paume dirigée vers l'arrière ; le coude gauche est fléchi, la paume de la main tournée vers le ciel et l'intérieur.
L'attention visuelle passe du bras droit à la main gauche puis le regard est droit devant soi.

CONSEILS

1. Les bras doivent être dégagés du corps sans en être trop éloignés. Les deux bras protègent la poitrine.
2. Le principe de « li » réside dans la simultanéité de l'exécution par les mains, les bras, les jambes et les pieds.

IV « Chi » (Presser en avant)

8- Tournez lentement le corps vers la droite ; le poids du corps reste sur la jambe gauche.
Simultanément, le bras droit fléchit progressivement et la paume de la main gauche se tourne vers le sol et l'extérieur. Le bras droit est arrondi devant la poitrine, avec le coude plus bas que le poignet. La paume de la main gauche fait face à l'avant-bras droit.
9- L'avant-bras droit et la main gauche « poussent » vers l'avant. Le poids du corps passe progressivement sur la jambe droite. Ce mouvement est le « chi ».
Le regard est droit devant soi, l'attention visuelle sur le bras droit.

7

8

9

CONSEILS

1. Le corps doit être droit et vertical. Évitez de hausser les épaules qui doivent rester détendues et abaissées. Les coudes sont plus bas que les poignets.
2. Tout pas doit être souple et léger comme la marche d'un chat vers une souris. Par exemple : quand le pied droit avance et se pose au sol, la jambe gauche fléchit un peu afin que le mouvement soit souple et léger. Le genou ne doit pas dépasser la pointe du pied de cette jambe.

V « An » (Repousser)

10- Le poignet droit effectue une rotation, paume vers le sol, puis la main gauche passe au-dessus de la main droite. L'écart entre les deux mains, paumes tournées vers le sol, doit être de la largeur des épaules.
11- Les deux coudes se plient progressivement vers le bas pour descendre. Le poids du corps va progressivement sur la jambe gauche. Le regard est droit devant soi. L'attention visuelle est sur le retrait vers soi des deux mains.
12- Les deux mains repoussent en montant vers l'avant jusqu'à ce que les poignets soient au niveau des épaules. Ce mouvement s'appelle « an ».
La jambe droite est en forme d'arc ; la jambe gauche sert de soutien. L'attention visuelle est sur l'action « an » des mains.

0

11

12

54-Le simple fouet

1- Portez le poids du corps progressivement sur la jambe gauche et tournez les deux paumes vers le sol.
2- Pivotez le pied droit sur le talon le plus possible vers l'intérieur. Puis pivotez le pied gauche sur la pointe d'environ 90°. Le poids du corps revient alors sur la jambe droite.
Les bras, légèrement fléchis, suivent la rotation du corps vers la gauche, tandis que les deux mains décrivent un arc de cercle, paumes tournées vers le sol.
Le regard horizontal suit le mouvement du corps. L'attention visuelle est sur la main droite.

3- Le poids du corps reste sur la jambe droite.
Les deux mains se rapprochent de la poitrine, les coudes fléchis, puis s'étendent vers la droite tout en restant à hauteur de la poitrine. Les paumes sont toujours tournées vers le sol. Le bras droit s'étend progressivement, tandis que le bras gauche reste fléchi, main au niveau de l'épaule droite.
Réunissez les extrémités des cinq doigts de la main droite, pointe dirigée vers le sol. La paume de la main gauche se tourne vers l'intérieur et légèrement vers le haut.

1

2

4- Le pied gauche avance d'un pas vers la gauche en posant d'abord le talon au sol, puis le poids du corps va progressivement sur la jambe gauche. Dans le même temps, la main gauche se déplace vers la gauche, paume devant le visage (à une distance d'environ 30 cm). Une fois le corps entièrement tourné vers la gauche, pivotez la main gauche, paume tournée vers l'extérieur, et poussez le bras gauche vers l'avant, poignet fléchi.
Le regard se tourne vers la gauche et précède le mouvement de la main gauche.

CONSEILS

1. Les mouvements des deux mains doivent être simultanés et en harmonie avec la rotation de la taille. Les coudes, légèrement pliés et inclinés vers le sol, doivent agir également avec souplesse et simultanément. Une distance égale et constante doit être maintenue entre les deux bras.
2. Le corps doit être droit et vertical. Ne vous penchez pas en avant ni en arrière, ni vers la droite ni vers la gauche.
3. Les épaules, les coudes et la taille doivent être détendus et relâchés.
4. La flexion du genou gauche ne doit pas dépasser la pointe du pied.
5. Le poignet de la main droite doit être plié.

3

4

55-Mouvoir les mains comme les nuages

Mouvoir les mains vers la droite, puis vers la gauche

1- Tournez le corps vers la droite en pivotant le pied gauche d'environ 90° sur le talon vers la droite. Les cinq doigts de la main droite sont toujours réunis. Le poids du corps passe progressivement sur la jambe droite.

2- Tournez le corps vers la gauche ; déplacez la main gauche vers la gauche en la faisant passer devant le visage, paume dirigée vers l'extérieur et vers le sol ; la main droite descend vers la gauche en quittant progressivement la position des cinq doigts réunis ; à ce moment, les deux mains sont sur une même ligne verticale.
Passez le poids du corps progressivement sur la jambe gauche tandis que le buste se tourne vers la gauche. Étendez la main gauche vers la gauche, paume dirigée vers l'extérieur et vers le sol. Déplacez la main droite en courbe vers la gauche et vers le ciel, paume tournée vers l'intérieur. En même temps, ramenez le pied droit près du pied gauche, en levant le talon d'abord et en le posant au sol sur la pointe.

3- Passez le poids du corps progressivement sur la jambe droite. Simultanément, tournez le corps vers la droite. Avec le mouvement du corps, montez la main droite vers la droite, paume dirigée vers l'intérieur et coude fléchi, en passant au niveau de l'épaule gauche puis du visage. En même temps, descendez la main gauche vers la droite, paume tournée vers le sol puis vers l'intérieur. Puis étendez le bras droit vers la droite, paume tournée vers l'extérieur et vers le sol, et remontez la main gauche jusqu'au niveau de l'avant-bras droit, paume tournée vers l'intérieur.
Simultanément, déplacez votre pied gauche vers la gauche et posez le bord interne du pied au sol.

4- Passez le poids du corps progressivement sur la jambe gauche, tandis que le buste se tourne vers la gauche. Descendez la main droite en courbe vers la gauche, paume dirigée vers l'intérieur. Simultanément, montez la main gauche en courbe vers la gauche, paume tournée vers l'intérieur, en passant au niveau de l'épaule gauche puis du visage.
Tandis que le corps continue à se tourner vers la gauche, montez la main droite en courbe vers la gauche et vers le ciel, paume tournée vers l'intérieur. Continuez à étendre la main gauche vers la gauche, paume tournée vers l'extérieur puis vers le sol. Pendant ce temps, ramenez le pied droit vers le pied gauche, en levant le talon d'abord et en le posant au sol sur la pointe.

À SAVOIR

Cette séquence comporte une répétition de mouvements. Il faut répéter les figures 3 et 4, trois fois de suite.

CONSEILS

1. Les deux mains font leurs mouvements en sens opposé mais une main prédomine l'autre. Par exemple : si la main droite est en haut, elle prédomine et vice versa.
2. Dans cette séquence, on explique 1 série de « mouvoir les mains comme les nuages ». Nous vous proposons 3 séries. Mais on peut augmenter le nombre des séries jusqu'à 5 ou 7 – le nombre doit toujours être impair.
Et il faut prévoir dans la séquence 17 un nombre correspondant, comme nous l'avons déjà indiqué.

1

2

3

4

56-Le simple fouet

1- Le poids du corps va progressivement sur la jambe droite. Élevez le pied gauche, talon d'abord ; continuez à tourner le corps vers la droite.
Avec le mouvement du corps, déplacez la main droite en courbe vers la droite et vers le bas, poignet arrondi, paume tournée vers le sol, en réunissant les cinq doigts, leur extrémité tournée vers le sol. Montez la main gauche vers la gauche en passant près du poignet droit, paume tournée progressivement vers l'intérieur (légèrement oblique vers le haut).
Le regard est sur la main droite puis sur la main gauche.

2- Tournez le corps vers la gauche. Avancez le pied gauche d'un pas vers la gauche en posant le talon d'abord.
Le poids du corps va sur la jambe gauche jusqu'à ce que le pied entier soit enraciné dans le sol. L'écart entre les pieds doit être plus important que l'écart des simples fouets précédents. La jambe gauche est en forme d'arc, la droite en position de soutien.
La main gauche avance vers la gauche en passant devant le visage (à une distance de 30 cm), paume tournée progressivement vers l'extérieur. Le regard précède le mouvement de la main gauche.

57-Le serpent qui rampe

1- Pivotez le pied droit sur le talon vers la droite. En même temps, tournez les doigts de la main gauche vers l'extérieur.
2- Le poids du corps va progressivement sur la jambe droite, celle-ci fléchit sensiblement. Descendez la main gauche, coude plié, en passant près de la poitrine, les doigts pointés vers le ciel.
3- Fléchissez le plus possible la jambe droite. Descendez la main gauche en courbe jusqu'à l'intérieur de la jambe gauche. Les doigts de la main droite sont toujours réunis, pointe vers le bas.
Le poids du corps revient progressivement sur la jambe gauche.

CONSEILS

1. Quand la main gauche revient vers la poitrine et descend, le mouvement doit être simultané avec le transfert progressif du poids du corps.
2. Quand la main gauche descend, la paume doit être tournée vers la droite et les doigts dirigés vers l'avant.
3. Ne penchez pas le corps en avant, ne baissez pas la tête et gardez le bassin bien droit. Évitez de bomber la poitrine.

1

2

3

58-Le faisan doré sur une patte

I Sur la patte gauche

1- Le poids du corps revient sur la jambe gauche, tandis que la main gauche remonte en courbe, doigts vers l'extérieur puis vers le ciel.
Pendant ce mouvement, pivotez la pointe du pied droit de 90° vers la gauche pour revenir à sa position initiale. Les doigts de la main gauche sont toujours réunis.
2- Tournez la pointe du pied gauche vers la gauche (45°) et tournez le corps progressivement vers la gauche. Dans le même temps, déplacez la main gauche vers la gauche, coude fléchi, paume tournée vers le sol et l'extérieur. Les doigts de la main droite restent réunis.
Le poids du corps repasse progressivement sur la jambe gauche. Soulevez le pied droit, talon d'abord. Abaissez la main gauche, paume vers le sol, jusqu'au niveau de la hanche gauche. En même temps, la main droite, abandonnant la position des cinq doigts réunis, descend en courbe devant la cuisse droite, paume tournée vers la gauche.
3- Levez le pied droit et maintenez-le en l'air, genou fléchi : vous tenez debout sur le seul pied gauche, comme le faisan doré sur une seule patte.
Simultanément, remontez la main droite vers l'avant. En posture finale, le coude du bras droit est fléchi, la main se trouve au niveau des sourcils, les doigts dressés vers le ciel, la paume tournée vers la gauche. La main gauche est au niveau de la hanche gauche, paume tournée vers le sol et doigts vers l'avant.
Le regard est sur l'avancement de la main gauche, puis sur la montée de la main droite, enfin droit devant soi.

II Sur la patte droite

4- Fléchissez la jambe gauche. Le corps se tourne légèrement à droite. Posez le pied droit, pointe d'abord, en arrière du pied gauche. Le poids du corps passe progressivement sur le pied droit jusqu'à ce que celui-ci soit enraciné dans le sol.
5- Levez le pied gauche, talon d'abord, et maintenez-le en l'air avec le genou plié ; simultanément, redressez la jambe droite : vous vous tenez ainsi sur le seul pied droit, comme le faisan doré sur une seule patte.
En même temps, descendez la main droite en courbe jusqu'à la hanche droite, paume tournée vers le sol, doigts tendus vers l'avant. Montez la main gauche en courbe au-dessus du genou gauche, coude plié, doigts dressés vers le ciel, paume tournée vers la droite.
Le regard est sur la descente de la main gauche puis sur la montée de la main gauche, enfin droit devant soi.

CONSEILS

1. Quand le pied droit descend, la jambe gauche doit fléchir légèrement ; quand la jambe gauche se lève à son tour, la jambe droite doit se redresser.
2. Quand vous êtes dans les mouvements des figures 3 et 5, pensez à avoir les mains en position « assise ». Le coude et le genou doivent se trouver dans le même axe.

1
2
3
4
5

59-Reculez en repoussant le singe

I Repoussez le singe de la main droite

1- Fléchissez légèrement la jambe droite. Montez la main droite en courbe vers l'arrière au niveau de l'épaule droite, paume tournée vers le ciel, tandis que la main gauche s'étend vers l'avant, paume tournée vers le ciel.

2- Pliez le coude de la main droite en ramenant la main vers l'épaule, paume tournée vers l'extérieur, doigts dressés vers le ciel.

3- Fléchissez davantage la jambe droite. Descendez le pied gauche en passant près de la cheville droite et reculez d'un pas, en commençant par poser d'abord les orteils au sol. Le poids du corps va progressivement sur la jambe gauche jusqu'à ce que le pied entier soit enraciné dans le sol.

Coude toujours plié, faites descendre en courbe la main droite en la faisant passer près de l'oreille droite.

4- Tournez le corps progressivement vers la gauche. La pointe du pied droit se remet droit vers l'avant en pivotant sur le talon.
Avec la rotation du corps, descendez la main gauche jusqu'au niveau de la hanche, le coude plié, paume vers le ciel. La main droite continue sa descente en courbe et « pousse » vers l'avant.
Le regard est droit devant soi. L'attention est sur la « poussée » de la main droite.

II Repoussez le singe de la main gauche

5- Tournez le corps vers la gauche. Étendez la main droite légèrement vers l'avant, paume tournée vers le ciel, et montez la main gauche en courbe vers l'arrière. Le poids du corps est sur la jambe gauche. L'attention est sur la montée de la main gauche.
6- Continuez à monter en courbe la main gauche vers la gauche, en pliant le coude. La main gauche est au niveau de l'épaule. Le regard est droit devant soi.

7- Reculez le pied droit d'un pas, en posant d'abord les orteils et en passant près de la cheville gauche. Le poids du corps va progressivement sur la jambe droite jusqu'à ce que le pied tout entier soit enraciné dans le sol.
8- Tournez le corps progressivement vers la droite. La pointe du pied gauche se remet droit vers l'avant en pivotant sur le talon.
Avec la rotation du corps, descendez la main droite en courbe jusqu'au niveau de la hanche, paume tournée vers le ciel, tandis que la main gauche monte en courbe, passe près de l'oreille gauche et « pousse » vers l'avant.
Le regard est droit devant soi. L'attention est sur la « poussée » de la main gauche.

III Repoussez le singe de la main droite

9- Le poids du corps est sur la jambe droite. Continuez à tourner le corps vers la droite. Simultanément, montez la main droite en courbe et légèrement vers la droite au niveau de l'épaule, paume tournée vers le ciel puis vers le sol.
La paume de la main gauche est tournée vers le ciel.
L'attention est sur la montée de la main droite.
10- Pliez le coude de la main droite en ramenant celle-ci vers l'épaule, paume tournée vers l'extérieur, doigts dressés vers le ciel.
11- Reculez le pied gauche d'un pas en passant près de la cheville droite

en commençant par poser d'abord les orteils au sol, puis le poids du corps va progressivement sur la jambe gauche jusqu'à ce que le pied tout entier soit enraciné dans le sol.
Coude toujours plié, faites descendre en courbe la main droite en la faisant passer près de l'oreille droite.
12- La pointe du pied droit se remet droit vers l'avant en pivotant sur le talon. Tournez le corps progressivement vers la gauche. Avec la rotation du corps, descendez la main gauche en courbe jusqu'au niveau de la hanche, tandis que la main droite « pousse » vers l'avant. Le regard est droit devant soi. L'attention est sur la « poussée » de la main droite.

CONSEILS

1. Quand un pied recule, l'autre jambe – qui supporte le poids total du corps – doit rester fléchie.
Pensez à garder le corps bien droit.
2. Lorsque les mains montent en courbe vers l'arrière, faites-les passer à la hauteur des hanches et non des côtes. Le mouvement en courbe sera plus aisé et harmonieux.

0

11

12

60-Le vol en diagonale

1- Ramenez la pointe du pied droit vers le talon du pied gauche. Simultanément, montez la main gauche en courbe vers la droite jusqu'au niveau de l'épaule droite, paume tournée vers la droite et légèrement vers le sol.
Pendant ce temps, descendez la main droite en courbe vers la gauche, passez-la devant le ventre, paume tournée vers le haut.
L'attention est sur la main gauche.
2- Tournez le corps vers la droite et, simultanément, avancez le pied droit d'un pas, en diagonale, en posant le talon d'abord au sol.
3- Portez le poids du corps progressivement sur la jambe droite jusqu'à ce que le pied tout entier soit enraciné dans le sol. La jambe droite est en forme d'arc, la jambe gauche en soutien.
Montez la main droite en diagonale vers la droite, jusqu'au niveau du front, tandis que la main gauche descend en courbe jusqu'à la hanche, paume tournée vers le bas. En même temps, rentrez la pointe du pied gauche vers l'intérieur.
Le bras droit est étendu, non tendu.
Le regard est droit devant soi. L'attention est sur la main droite.

CONSEIL

Quand la main droite monte en diagonale vers le haut, l'énergie part des pieds, se développe dans les jambes, puis monte dans la région dorsale et traverse les épaules, les coudes pour parvenir jusqu'aux mains. Pour obtenir la meilleure circulation possible de l'énergie, les mouvements des mains, des pieds et du corps doivent s'exécuter simultanément, harmonieusement et sans rupture.

61-Les mains levées

1- Le poids du corps est toujours sur la jambe droite. Avancez le pied gauche d'un demi-pas et déplacez le poids du corps sur la jambe gauche.
2- Tournez le corps légèrement vers la gauche. Avancez le pied droit d'un demi-pas, talon posé sur le sol, orteils légèrement en l'air, genou fléchi. Simultanément, montez la main gauche en courbe vers l'avant et descendez la main droite devant la poitrine, coude relâché. Les deux mains se rapprochent l'une de l'autre, de telle sorte que la main droite se trouve en avant de la main gauche, au niveau des sourcils, paume tournée vers la gauche ; la main gauche est au niveau du coude droit, paume tournée vers la droite. Le regard est horizontal, au-delà de la main droite.
3- Tournez la taille vers la gauche. Soulevez le pied droit et descendez le coude gauche vers l'arrière, en tournant le poignet gauche, paume tournée vers le sol. Simultanément, descendez la main droite en courbe vers la gauche jusqu'à ce qu'elle soit au-dessous de la main gauche, en tournant le poignet droit, paume tournée vers le haut. Le poids du corps passe sur la jambe droite. L'attention visuelle est sur la descente du coude gauche, puis le regard est droit devant soi.

CONSEIL

Pendant les étapes 1 et 2, la jambe gauche est légèrement fléchie et l'avant-bras droit et la main gauche effectuent l'action « chi ».

62-La grue blanche déploie ses ailes

Posez le pied gauche sur la pointe en avant du pied droit. La jambe gauche est fléchie.
Le poids du corps est sur la jambe droite.
Tournez le corps légèrement vers la gauche.
En même temps, montez la main droite bien au-delà du front, en tournant le poignet, paume vers l'extérieur, tandis que la main gauche descend en courbe jusqu'à hauteur de la hanche gauche.
Le regard est sur la montée de la main droite, puis droit devant soi.

CONSEILS

1. Des séquences 19 à 20, il faut donner une sensation d'élévation, de « déploiement des ailes » : alors que la jambe et le pied droits sont enracinés dans le sol, la région dorsale a tendance à se grandir – le corps est dans une position d'extension vers les deux extrémités opposées. Gardez le ventre plat (ni creux, ni saillant) et la tête haute, de façon à maintenir votre esprit en éveil.
2. Respirez vers le centre de gravité situé au-dessous du nombril (respiration abdominale).

63-Brossez le genou gauche et avancez d'un pas

1- Tournez la taille vers la droite et abaissez l'épaule droite ; le bras suit, et la main descend en courbe près de la hanche droite, paume tournée progressivement vers le haut ; la main gauche monte en courbe vers la droite à hauteur de la poitrine. L'attention visuelle est sur la main droite. Le regard suit le mouvement du corps.

2- Élevez le pied gauche tandis que le corps continue à se tourner vers la droite. Montez la main droite en courbe par l'arrière. La main gauche continue son mouvement vers la droite, en descendant en courbe vers le ventre. Le regard est sur la main droite, puis gauche.

3- Avancez le pied gauche d'un pas en commençant par poser d'abord le talon au sol. Portez le poids du corps progressivement sur la jambe gauche jusqu'à ce que le pied s'enracine dans le sol. En même temps, ramenez la main droite vers l'avant, à hauteur de l'épaule.

4- Tournez le corps vers la gauche. Descendez la main gauche en courbe vers la gauche, et faites-la passer au-dessus du genou gauche (« brosser le genou ») à hauteur de la hanche gauche (gardez une distance de quelques centimètres entre la hanche et la main gauche). Simultanément, la main droite continue son mouvement vers l'avant : elle passe près de l'oreille droite, puis avance en « poussant ». Les deux mains doivent terminer leur mouvement en même temps. La jambe gauche est en forme d'arc, la jambe droite en position de soutien.
Le regard est sur la main gauche, puis droit devant soi. L'attention visuelle est sur la « poussée » de la main droite.

CONSEIL

Les mouvements des deux mains doivent être en parfaite harmonie avec la rotation de la taille. Celle-ci doit s'effectuer sans balancement. Le moindre mouvement basculant est contraire au règlement : « Maintenir le corps sur une ligne verticale ».

64-L'aiguille au fond de la mer

1- Accentuez le poids du corps sur la jambe gauche.
Pendant le transfert du poids du corps sur la jambe gauche, tournez le bras droit, paume vers la gauche, et élevez la main gauche vers l'avant. Avancez le pied droit d'un demi-pas (une vingtaine de centimètres).
2- Le poids du corps se porte progressivement sur la jambe droite tandis que la pointe du pied gauche s'élève.
Pendant le transfert du poids du corps sur la jambe droite, pliez le coude droit, le poignet droit légèrement vers soi.
L'attention est sur la main droite.
3- Posez la pointe du pied gauche sur le sol et tournez légèrement le corps vers la gauche.
Le pied droit est complètement enraciné dans le sol. Inclinez-vous vers le sol en dirigeant la main droite vers le sol, comme si elle passait à travers des obstacles imaginaires.
En même temps, descendez la main gauche en courbe.
Le regard est devant soi, assez loin.
L'attention est sur le mouvement de la main droite.

CONSEIL

**La descente de la main droite doit s'exécuter simultanément avec l'inclinaison du corps et le fléchissement de la jambe droite.
C'est l'épaule qui fait agir le coude qui fait agir la main.
Ne courbez pas la tête, elle doit rester dans le prolongement du dos.**

65-Comme un éventail

1- Tournez le corps vers la droite en le redressant. Levez le talon du pied gauche et ramenez-le vers vous. Simultanément, montez la main droite au-dessus du front, le poignet tourné, paume vers la droite ; montez également la main gauche, paume vers la droite, les doigts dirigés vers le haut. L'attention est sur la montée de la main droite.

2- Avancez le pied gauche d'un pas, en commençant par poser d'abord le talon au sol, puis portez le poids du corps progressivement sur la jambe gauche jusqu'à ce que le pied entier soit enraciné dans le sol ; la jambe gauche est en forme d'arc, la jambe droite en position de soutien. Simultanément, dirigez la main gauche en avant, le long du bras droit à la hauteur du menton, bras étendu (et non tendu), paume tournée vers l'extérieur. L'attention est sur le mouvement de la main gauche.

CONSEIL

Les débutants ont facilement tendance à raidir le corps, en particulier la poitrine et les bras. C'est contraire à l'esprit du taï chi chuan qui dit : « Il faut toujours se garder de déployer son potentiel jusqu'au bout » – ce qui signifie : « il faut savoir limiter les possibilités d'agir afin de pouvoir le faire ultérieurement avec plus d'efficacité. »

66-Le serpent blanc darde sa langue

1- Pivotez le pied gauche sur le talon vers la droite. Tournez le corps vers la droite. Descendez la main droite en courbe en fermant le poing jusque devant l'estomac (coude plié, poing tourné vers le sol). Montez la main gauche en courbe jusqu'au-dessus du front gauche. Le regard est horizontal.

2- Tout le poids du corps est sur la jambe gauche. Levez le pied droit. Le corps continue à se tourner vers la droite. Descendez la main gauche en courbe en passant par l'extérieur de l'avant-bras droit jusqu'au niveau de l'épaule. Ouvrez et retournez le poing droit en avant. Le regard est horizontal. L'attention est sur les mains.

3- Posez devant vous le pied droit, d'abord sur le talon, puis passez tout le poids du corps progressivement sur la jambe droite. Continuez à tourner le corps vers la droite. Reculez la main droite jusqu'à la hauteur de la hanche droite, paume tournée vers le ciel. Continuez à descendre la main gauche devant la poitrine puis avancez au-dessus et à l'intérieur de l'avant-bras droit. Le regard est droit devant soi. L'attention est sur la poussée de la main gauche.

1

2

3

67-Pas en avant et coup de poing

1- Faites passer le poids du corps progressivement sur la jambe gauche, tandis que le corps se tourne vers la gauche.
Le coude gauche descend, avec une rotation du poignet, paume tournée vers le ciel.
Le poignet droit effectue également une rotation et monte vers l'avant jusqu'à se placer au-dessus de la main gauche.
Le poing droit et la main gauche exécutent « li » (tirer vers l'arrière) vers la gauche.
L'attention est sur l'avancement de la main droite.
2- Accentuez le poids du corps sur la jambe gauche, tandis que le corps continue à se tourner vers la gauche. Tout le poids du corps est sur la jambe gauche.
Élevez le pied droit et descendez la main droite, poing fermé, vers la gauche, en la faisant passer devant le ventre.
Pendant ce temps, la main gauche monte en courbe vers la gauche, puis passe à côté de l'oreille gauche, paume vers le bas.
Le regard se porte légèrement vers les deux mains puis regarde horizontalement vers la droite.
3- Avancez le pied droit, talon d'abord, en oblique vers la droite, puis enfoncez la pointe droite dans le sol. Tout le poids du corps passe progressivement sur la jambe droite. Tournez le corps progressivement vers la droite.
Montez la main droite, poing fermé, en passant devant la poitrine, et avancez-la en retournant le poignet, poing tourné vers le ciel, avant qu'elle ne redescende en courbe. La main gauche suit le mouvement du corps et descend légèrement en courbe vers la droite, puis avance, à l'intérieur et le long de l'avant-bras droit.
4- Avancez le pied gauche d'un pas, talon d'abord.
Le corps se tourne vers la droite.
La main gauche continue à avancer, tandis que la main droite (poing toujours fermé) continue à descendre jusqu'au niveau de la taille.
Le regard est sur l'avancement de la main gauche.
5- Le poids du corps passe progressivement sur la jambe gauche et le pied gauche s'enfonce dans le sol.
La jambe gauche est en forme d'arc.
La droite sert de soutien.
En même temps, le corps se tourne progressivement vers la gauche et la main droite (poing fermé) avance, alors que la main gauche revient vers la poitrine, à l'intérieur du bras droit (paume face au coude droit). Les doigts pointent vers le ciel.
Le regard est sur l'avancement de la main droite.

CONSEILS

1. Lorsque vous avancez d'un pas, celui-ci doit être aussi léger que le pas d'un chat devant une souris.
2. Ne penchez le corps ni vers l'avant ni vers l'arrière, ni vers la droite ni vers la gauche.

1

2

3

4

5

68-Avancez d'un pas et saisissez la queue de l'oiseau

1- Pivotez le pied gauche sur le talon vers l'extérieur (45°). Tournez le corps vers la gauche ; le poids du corps passe progressivement sur la jambe gauche.
La main droite ouvre graduellement le poing, paume vers le sol ; la paume de la main gauche se tourne vers l'intérieur.
2- Accompagnant le mouvement du corps, avancez le pied droit d'un pas, descendez le coude gauche vers la gauche et amenez la main gauche devant la poitrine gauche. Le poids du corps passe progressivement sur la jambe droite, tandis que le corps se tourne légèrement vers la droite.
Descendez en courbe la main droite vers la gauche jusqu'au niveau du ventre, poignet arrondi, paume tournée vers le haut et vers la gauche.
Le regard est porté légèrement sur l'avant-bras gauche, puis vers la droite, enfin droit devant soi.
3- Enracinez le pied droit dans le sol. En même temps, le bras droit exécute « pen droit » : l'avant-bras droit monte en courbe vers la droite jusqu'à hauteur de l'épaule, coude plus bas que la main. La main gauche pousse (en l'accompagnant) la main droite.
Le regard est sur l'avant-bras droit.

I « Li » (Tirer vers l'arrière)

4- Tournez lentement le corps vers la droite, le poids du corps est toujours sur la jambe droite.
La main droite se déplace vers la droite, tandis que la paume de la main se tourne vers l'extérieur et vers le bas.
Le bras gauche suit le mouvement de la taille tandis que la paume de la main gauche se tourne vers le haut et vers l'extérieur.
5- Le corps se tourne vers la gauche. Le poids du corps passe sur la jambe gauche. Les deux bras (coudes légèrement pliés et abaissés) continuent à aller vers la gauche (action « li ») : à la fin de la rotation, le bras droit est étendu, la paume de la main dirigée vers l'arrière, le coude gauche est fléchi, la paume de la main tournée vers le haut et vers l'intérieur.
L'attention visuelle passe du bras droit à la main gauche avant de revenir droit devant soi.

CONSEILS

1. N'oubliez pas que la taille est l'axe de tous les mouvements du corps, vers la droite ou vers la gauche. Tout le corps doit être droit.
2. La description des mouvements du corps, des mains et des pieds est successive mais leur exécution doit être simultanée.

1

2

3

4

5

II « Chi » (Presser en avant)

6- Tournez lentement le corps vers la droite ; le poids du corps reste sur la jambe gauche.
Simultanément, le bras droit fléchit progressivement et la paume de la main gauche se tourne vers le sol et l'extérieur.
Le bras droit est arrondi devant la poitrine, avec le coude plus bas que le poignet.
La paume de la main gauche fait face à l'avant-bras droit.
L'avant-bras droit et la main gauche poussent vers l'avant. Le poids du corps passe progressivement sur la jambe droite.
Ce mouvement est le « chi ».
Le regard est droit devant soi, l'attention visuelle sur le bras droit.

CONSEIL

Pendant cette action « chi », la main gauche s'approche progressivement du poignet droit mais sans le toucher vraiment.

III « An » (Repousser)

7- Le poignet droit effectue une rotation, paume vers le sol, puis la main gauche passe au-dessus de la main droite. L'écart entre les deux mains, paumes tournées vers le sol, doit être de la largeur des épaules.
8- Les deux coudes se plient progressivement vers le bas pour descendre. Le poids du corps va progres-sivement sur la jambe gauche.
Le regard est droit devant soi. L'attention visuelle est sur le retrait vers soi des deux mains.
9- Les deux mains repoussent en montant vers l'avant jusqu'à ce que les poignets soient au niveau des épaules.
Ce mouvement s'appelle « an ».
La jambe droite est en forme d'arc, la jambe gauche sert de soutien. L'attention visuelle est sur l'action « an » des mains.

6

7

8

9

69-Le simple fouet

1- Tournez les deux mains vers le sol. Dans le même temps, le poids du corps passe progressivement sur la jambe gauche.
2- Tournez le corps vers la gauche, les mains au niveau des épaules. Simultanément, pivotez le pied droit sur le talon le plus possible vers l'intérieur, puis pivotez le pied gauche sur la pointe d'environ 90°. Fléchissez les coudes, poignets en position « assise ».
Le regard précède légèrement la rotation du corps.
3- Tournez le corps vers la droite. Le poids du corps revient sur la jambe droite. Les deux mains s'étendent vers la droite en traçant un demi-cercle près de la poitrine, paumes tournées vers le sol.
Le bras doit est étendu, le bras gauche est fléchi, main au niveau de l'épaule droite, doigts pointés vers le coude droit.
Le regard suit le mouvement du corps.
L'attention visuelle est sur la main droite.
Le poids du corps est sur la jambe droite.
Réunissez les cinq doigts de la main droite, leur extrémité tournée vers le sol.
Seule la position de la main change.
4- Tournez légèrement le corps vers la gauche. Montez la main gauche en courbe vers la gauche, paume tournée progressivement vers l'extérieur, jusqu'au niveau de l'épaule, et poussez vers l'avant.
Le poids du corps est sur la jambe gauche.
La main droite a conservé la même position, avec les doigts réunis.
L'attention visuelle est sur le mouvement de la main gauche.

CONSEIL

Les mouvements des deux mains doivent être simultanés et en harmonie avec la rotation de la taille. Les deux coudes, légèrement pliés et inclinés vers le sol, doivent agir également simultanément. Une distance égale et constante doit être maintenue entre les deux bras.

1

2

3

4

70-Mouvoir les mains comme les nuages

Mouvoir les mains vers la droite, puis vers la gauche

1- Tournez le corps vers la droite en pivotant le pied gauche d'environ 90° sur le talon vers la droite.
Les cinq doigts de la main droite sont toujours réunis. Le poids du corps passe progressivement sur la jambe droite.
2- Tournez le corps vers la gauche ; déplacez la main gauche vers la gauche en la faisant passer devant le visage, paume dirigée vers l'extérieur et vers le sol ; la main droite descend vers la gauche en quittant progressivement la position des cinq doigts réunis ; à ce moment, les deux mains sont sur une même ligne verticale.
Passez le poids du corps progressivement sur la jambe gauche, tandis que le buste se tourne vers la gauche. Étendez la main gauche vers la gauche, paume dirigée vers l'extérieur et vers le sol. Déplacez la main droite en courbe vers la gauche et vers le ciel, paume tournée vers l'intérieur. En même temps, ramenez le pied droit près du pied gauche, en levant le talon d'abord et en le posant au sol sur la pointe.
3- Passez le poids du corps progressivement sur la jambe droite. Simultanément, tournez le corps vers la droite. Avec le mouvement du corps, montez la main droite vers la droite, paume dirigée vers l'intérieur et coude fléchi, en passant au niveau de l'épaule gauche puis du visage. En même temps, descendez la main gauche vers la droite, paume tournée vers le sol puis vers l'intérieur. Puis étendez le bras droit vers la droite, paume tournée vers l'extérieur et vers le sol, et remontez la main gauche jusqu'au niveau de l'avant-bras droit, paume tournée vers l'intérieur.
Simultanément, déplacez votre pied gauche vers la gauche et posez le bord interne du pied au sol.
4- Passez le poids du corps progressivement sur la jambe gauche tandis que le buste se tourne vers la gauche.
Descendez la main droite en courbe vers la gauche, paume dirigée vers l'intérieur.
Simultanément, montez la main gauche en courbe vers la gauche, paume tournée vers l'intérieur, en passant au niveau de l'épaule gauche puis du visage.
Tandis que le corps continue à se tourner vers la gauche, montez la main droite en courbe vers la gauche et vers le ciel, paume tournée vers l'intérieur. Continuez à étendre la main gauche vers la gauche, paume tournée vers l'extérieur puis vers le sol. Pendant ce temps, ramenez le pied droit vers le pied gauche, en levant le talon d'abord et en le posant au sol sur la pointe.

À SAVOIR

Cette séquence comporte une répétition de mouvements. Il faut répéter les figures 3 et 4, trois fois de suite.

CONSEILS

1. Les deux mains font leurs mouvements en sens opposé mais une main prédomine l'autre. Par exemple, si la main droite est en haut, elle prédomine et vice versa.
2. Dans cette séquence, on explique 1 série de « mouvoir les mains comme les nuages ». Nous vous proposons 3 séries. Mais on peut augmenter le nombre des séries jusqu'à 5 ou 7 – le nombre doit toujours être impair.
Et il faut prévoir dans la séquence 17 un nombre correspondant, comme nous l'avons déjà indiqué.

1
2
3
4

71-Le simple fouet

1- Levez le pied gauche, talon d'abord. Le coude gauche fléchit, la main gauche monte vers le visage du côté droit, paume tournée progressivement vers l'intérieur (légèrement oblique vers le haut).
Le bras droit effectue un mouvement de rotation vers la droite. Une fois le bras étendu à droite, la main réunit les cinq doigts, les uns touchant les autres, leur extrémité tournée vers le sol.
2- Continuez à tourner le corps vers la gauche. Avancez le pied gauche d'un pas vers la gauche et vers l'avant en commençant par poser le talon au sol, puis le poids du corps va progressivement sur la jambe jusqu'à ce que le pied tout entier soit enraciné dans le sol. (La jambe gauche est en forme d'arc, la jambe droite en position de soutien.)
Laissez la main droite dans la même position, les doigts réunis, pointe vers le sol. Amenez la main gauche vers la gauche et vers l'avant en passant devant le visage (à une distance de 30 cm environ), paume tournée progressivement vers l'extérieur.
Le regard précède le mouvement de la main gauche.

72-Flattez l'encolure du cheval et la main qui transperce

I Flattez l'encolure du cheval

1- Le poids du corps va sur la jambe droite. Simultanément, élevez la pointe du pied gauche ; la main droite quitte la position des cinq doigts réunis et revient en courbe devant l'épaule, coude plié. Tournez le bras gauche, paume tournée progressivement vers le ciel et vers la droite.

2- Le poids du corps va sur la jambe droite. Reculez le pied gauche d'un demi-pas, pointe sur le sol. Redressez la jambe droite tout en gardant une légère flexion du genou. Tournez le corps vers la gauche. En même temps, avancez la main droite vers la gauche, paume tournée vers le sol. La main gauche revient vers vous puis va en courbe au flanc gauche, doigts dirigés obliquement vers la droite, paume tournée vers le ciel.

II La main gauche qui transperce

3- Posez le pied gauche au sol, talon d'abord. Le poids du corps va sur la jambe gauche jusqu'à ce que le pied soit enraciné dans le sol. Tournez le corps vers la droite. Descendez la main droite en courbe vers la poitrine, le coude plié, paume tournée vers le sol. La main gauche transperce au-dessus de la main droite, jusqu'au niveau du visage, paume tournée vers le ciel, doigts vers l'avant. L'attention est sur la descente de la main droite, puis sur le mouvement de la main gauche.

73-Tournez et croisez les jambes

1- Pivotez le pied gauche sur le talon vers la droite. Tournez le corps progressivement vers la droite. Le poids du corps va sur la jambe gauche. Levez le pied droit, talon d'abord, vers la gauche.
Simultanément, pliez le bras gauche vers la droite, paume tournée vers l'intérieur. Tournez le bras droit vers la droite, en passant à l'extérieur du bras gauche, coude plié, paume tournée vers l'intérieur. Les deux bras se croisent devant la poitrine.
L'attention est le mouvement des mains.

2- Séparez les deux mains vers les deux côtés opposés. Donnez un coup de talon vers la droite, orteils dirigés vers le ciel. (Relevez la jambe gauche tout en gardant le genou fléchi.) Le regard est au-dessus de la main droite.

CONSEILS

1. L'écartement des mains doit être synchronisé avec le coup de talon vers la droite.
Les poignets sont en position « assise ».
2. Pour donner le coup de talon, maintenez le corps droit. Évitez les mouvements saccadés.
3. Pour obtenir le meilleur équilibre possible du corps, faites une respiration abdominale.

74-Avancez d'un pas et donnez un coup de poing vers le bas

1- Fléchissez le genou droit puis posez le pied droit au sol, talon d'abord, pointe vers la droite. Tournez le corps vers la droite. Descendez la main droite en courbe vers la droite, paume vers le ciel ; la main gauche se déplace vers l'avant puis vers la droite, coude fléchi, paume vers le sol. Décollez le talon gauche. Le poids du corps passe sur la jambe droite. Le regard suit le mouvement de la main droite, puis est droit devant soi.

2- Avancez le pied gauche d'un pas, en le faisant passer près de la cheville droite, et posez-le au sol, talon d'abord. Le corps continue à se tourner vers la droite. Descendez la main gauche, paume vers le sol, au niveau du ventre, et la main droite, paume vers le ciel, au niveau de la hanche droite. Fermez le poing droit. Le regard est droit devant soi. L'attention est sur l'action de la main gauche.

3- Le poids du corps passe sur la jambe gauche. Tournez le corps vers la gauche. Simultanément, étendez la main gauche vers la gauche, jusqu'au-dessus de la jambe gauche, paume tournée vers le sol, puis descendez- la jusqu'à l'extrémité du genou gauche. Lors de la descente de la main gauche, donnez un coup de poing vers l'avant et vers le bas avec la main droite en inclinant légèrement le buste vers l'avant. En posture finale, le poing droit doit être à la hauteur du ventre. L'attention est sur l'action de « brosser le genou gauche » de la main gauche et l'avancée du poing droit.

74-Avancez d'un pas et saisissez la queue de l'oiseau

I « Pen » (Parer)

1- Pivotez le pied gauche sur le talon vers l'extérieur (45°) ; le poids du corps va progressivement sur la jambe gauche. Redressez le corps et tournez-vous vers la gauche.
Montez la main gauche, coude plié, en courbe devant la poitrine, paume tournée vers le sol et vers la droite.
Ouvrez le poing de la main droite et montez le bras droit, paume vers le sol. Le regard est d'abord sur l'avant-bras gauche, puis vers la droite, enfin droit devant soi.
2- Avancez le pied droit d'un pas en posant le talon d'abord.
Amenez le bras droit en courbe vers la gauche, paume tournée vers le haut et vers la gauche.
3- Le poids du corps va progressivement sur la jambe droite, en forme d'arc, la jambe gauche en position de soutien. Simultanément, tournez le corps légèrement vers la droite. En même temps, le bras droit exécute « pen droit » : montez l'avant-bras droit en courbe vers la droite jusqu'à la hauteur de l'épaule, coude plus bas que la main. Poussez la main gauche vers l'avant en accompagnant la main droite.
Le regard est droit devant soi. L'attention visuelle est sur l'action « pen » de l'avant-bras droit.

II « Li » (Tirer vers l'arrière)

4- Passez le poids du corps progressivement sur la jambe gauche et tournez le corps vers la gauche. Simultanément, descendez le coude gauche, paume tournée vers le ciel, tandis que la main droite descend en courbe devant la main gauche, passant à l'intérieur du bras gauche, paume tournée vers l'extérieur et vers le sol.
5- Continuez à tourner le corps vers la gauche. Le poids du corps est entièrement sur la jambe gauche.
Les deux bras (coudes légèrement pliés et abaissés) continuent à aller vers la gauche (action « li »). Les deux mains sont devant la poitrine.
Au début de l'action « li » vers la gauche, l'attention visuelle est sur l'action « li » du bras droit. À la fin, elle se porte légèrement sur la main gauche. Puis le regard est progressivement droit devant soi.

2

3

4

5

III « Chi » (Presser en avant)

6- Tournez légèrement le corps vers la droite. Le poids du corps va progressivement sur la jambe droite. La jambe droite est en forme d'arc, la jambe gauche sert de soutien. Tournez le poignet droit, paume légèrement vers le ciel et vers l'intérieur. Le bras droit est arrondi devant la poitrine, le coude plus bas que le poignet. Tournez le poignet gauche, paume légèrement vers le sol et vers l'extérieur. La main gauche fait face à l'avant-bras droit.

7- Poussez l'avant-bras droit avec la main gauche vers la droite et « pressez-les » vers la droite.
La main gauche s'approche progressivement du poignet droit. Le poids du corps passe sur la jambe droite.
Le regard est droit devant soi. L'attention visuelle est sur le bras droit.

IV « An » (Repousser)

8- Retournez le poignet droit, paume vers le sol. Passez la main gauche au-dessus de la main droite puis écartez les mains de la largeur des épaules. Les deux paumes sont tournées vers le sol.

9- Pliez les deux coudes progressivement vers le bas et actionnez la descente et le retrait vers vous des deux mains. Le poids du corps passe progressivement sur la jambe gauche.
Le regard est droit devant soi. L'attention visuelle est sur le retrait des deux mains.

10- Repoussez les deux mains en montant vers l'avant jusqu'à ce que les poignets soient au niveau des épaules. La jambe droite est en forme d'arc ; la jambe gauche sert de soutien.
Ce mouvement constitue l'action « an ».
Le regard est droit devant soi. L'attention est sur l'action des mains.

6

7

8

9

10

76-Le simple fouet

1- Le poids du corps passe progressivement sur la jambe gauche. Tournez le corps progressivement vers la gauche ainsi que les mains.

2- En même temps, pivotez le pied droit le plus possible sur le talon vers l'intérieur. Le poids du corps revient alors sur la jambe droite.

Coudes légèrement fléchis, paumes inclinées vers le sol, tournez les deux mains vers la gauche (gardez les mains au niveau des épaules).

Levez le pied gauche.

3- Tournez le corps vers la droite ainsi que les deux mains en traçant un demi-cercle près de la poitrine (gardez les mains au niveau des épaules).

Simultanément, étendez la main droite vers la droite, en réunissant les cinq doigts, leur extrémité tournée vers le sol. Montez la main gauche en courbe vers la droite, paume tournée progressivement vers l'intérieur. L'attention visuelle est sur la main gauche.

4- Tournez le corps vers la gauche. Avancez le pied gauche d'un pas vers la gauche en commençant par poser le talon d'abord au sol, puis le poids du corps va progressivement sur la jambe gauche jusqu'à ce que le pied tout entier soit enraciné dans le sol. (La jambe gauche est en forme d'arc, la jambe droite en position de soutien.)

En même temps, continuez à étendre la main droite vers la droite et déplacez la main gauche vers la gauche en passant devant le visage, à une distance de 30 cm environ, paume tournée progressivement vers l'extérieur jusqu'à ce que le bras gauche soit étendu.

Le regard précède le mouvement de la main gauche.

1

2

3

4

77-Le serpent qui rampe

1- Pivotez le pied droit sur le talon vers la droite. En même temps, tournez les doigts de la main gauche vers l'extérieur.
2- Le poids du corps va progressivement sur la jambe droite, celle-ci fléchit sensiblement. Descendez la main gauche, coude plié, en passant près de la poitrine, les doigts pointés vers le ciel.
3- Fléchissez le plus possible la jambe droite. Descendez la main gauche en courbe jusqu'à l'intérieur de la jambe gauche. Les doigts de la main droite sont toujours réunis, pointe vers le bas. Le poids du corps revient progressivement sur la jambe gauche.

CONSEILS

1. Quand la main gauche revient vers la poitrine et descend, le mouvement doit être simultané avec le transfert progressif du poids du corps.
2. Quand la main gauche descend, la paume doit être tournée vers la droite et les doigts dirigés vers l'avant.
3. Ne penchez pas le corps en avant, ne baissez pas la tête et gardez le bassin bien droit. Évitez de bomber la poitrine.

78-Allez vers les sept étoiles

1- Pivotez le pied droit de 90° vers la gauche sur le talon. Pivotez le pied gauche d'environ 45° sur la gauche. Le corps s'élève en allant vers l'avant et vers la gauche, sans se pencher. La jambe gauche pliée est en forme d'arc, la jambe droite sert de soutien.

2- Soulevez le pied droit, talon d'abord, faites-le passer près de la cheville gauche et avancez-le d'un demi-pas en avant. Fermez progressivement le poing de la main gauche et montez-le en courbe devant la poitrine. Fermez progressivement le poing de la main droite et passez-le près du flanc en montant en courbe jusqu'au-dessous du poing fermé de la main gauche. Les poings fermés des deux mains montent jusqu'à la hauteur de la mâchoire (le cœur du poing gauche tourné vers l'intérieur et vers la droite, et le cœur du poing droit tourné vers l'intérieur et vers la gauche).
L'attention est sur l'action des deux poings fermés. Le regard est droit devant soi.

CONSEIL

De la fin de la séquence 77 au 1er mouvement de la séquence 78, le transfert du poids du corps de la jambe droite à la jambe gauche et le redressement des deux jambes et du corps doivent être effectués graduellement.

1

2

79-Reculez pour chevaucher le tigre

1- Passez le pied droit près de la cheville gauche et reculez d'un pas. Simultanément, étendez légèrement le poing droit vers l'avant, tandis que le poing gauche effectue un retrait vers l'épaule gauche, poignet assis et paume dirigée vers l'intérieur du bras droit.

2- Passez le poids du corps sur la jambe droite et tournez le corps vers la droite. Simultanément, descendez la main droite, poing fermé et paume vers le ciel, jusqu'au niveau de la taille ; la main gauche, poing fermé et paume vers la sol, s'avance jusqu'à la hauteur de l'épaule. Relevez la pointe du pied gauche.

3- Le poids du corps passe complètement sur la jambe droite, tandis que le talon du pied gauche se relève (le pied gauche se place progressivement sur la pointe). En même temps, les deux poings effectuent un mouvement circulaire en sens opposé : le poing droit monte en courbe vers la droite jusqu'au-dessus du front droit, l'intérieur du poing vers le bas, tandis que le poing gauche descend en courbe vers la gauche, paume tournée vers le sol, jusqu'au-devant de la cuisse gauche. Au cours de ce mouvement circulaire des bras, les poings s'ouvrent progressivement.

1

2

80-Tournez et tapez le pied

1- Montez la main gauche jusque devant le front et descendez la main droite en courbe, en la faisant passer devant le ventre, puis montez-la devant la poitrine (paume tournée vers le sol).
Tournez le corps vers la droite en pivotant sur la pointe du pied droit.
Simultanément, soulevez le pied gauche en donnant un certain élan pour faciliter l'équilibre du corps pendant la rotation.
Avec la rotation, montez la main droite en courbe devant le visage (au niveau de la bouche) et descendez la main gauche en courbe devant la poitrine, les deux paumes tournées vers le sol.
2- Posez le pied gauche au sol, pointe d'abord. Le poids du corps va sur la jambe gauche. Continuez à tourner le corps vers la droite.
Fléchissez légèrement la jambe gauche.
Les deux mains continuent leur mouvement vers la droite : la main droite va vers la droite, passant devant le corps.
La main gauche va légèrement plus bas que le coude droit. La paume des mains est tournée vers le sol.
L'attention est sur le mouvement des deux mains.
3- Déplacez légèrement les bras vers la gauche. Soulevez le pied droit vers le haut et vers la droite, jambe pliée.
4- Dépliez la jambe et donnez un coup de pied en avant et vers la gauche en tapant le dessus du pied droit successivement des deux mains (main gauche d'abord, puis droite).
L'attention est sur l'action de taper le pied.

81-Tirez à l'arc sur le tigre

1- Fléchissez le genou gauche graduellement. Tournez le corps vers la gauche. Posez le pied droit au sol, talon d'abord. Le poids du corps va progressivement sur la jambe droite jusqu'à ce que le pied entier s'enracine dans le sol.
2- Tournez le corps vers la droite. La jambe droite est en forme d'arc, la jambe gauche sert de soutien. Descendez les deux mains en courbe, faites-les passer devant le ventre et montez-les en courbe vers la droite en fermant progressivement les poings : le poing droit se retrouve à la hauteur de l'oreille (l'intérieur du poing tourné vers l'extérieur) et donne un coup de poing oblique vers la gauche et vers l'avant, à la hauteur du front. Le poing gauche est tourné vers le bas, poignet fléchi, à hauteur de la poitrine, et il donne en même temps que le poing droit un coup de poing oblique vers la gauche et vers l'avant, au niveau de l'épaule gauche. Le regard est sur le mouvement des deux mains, puis sur l'action de donner les coups de poing.

82-Pas en avant et coups de poing

1- Le poids du corps va sur la jambe gauche. Tournez le corps vers la gauche. Ouvrez le poing de la main gauche, descendez-le vers la gauche et vers l'arrière, paume tournée vers le ciel. Descendez la main droite en courbe devant et au-dessus de la main gauche, e poing à hauteur de l'épaule.

2- Le poids du corps est sur la jambe gauche ; ramenez le pied droit vers vous. Descendez la main droite, poing fermé, vers la gauche, passez-la devant le ventre, le poing tourné vers le sol.
Montez la main gauche en courbe, passez près de l'oreille (sans la dépasser en hauteur), paume tournée vers la droite et vers le sol.

3- Talon d'abord, posez le pied droit obliquement au sol puis enracinez-le progressivement. Le poids du corps va progressivement sur la jambe droite.
Avec la rotation du corps, élevez la main droite, poing fermé, et passez-la en courbe près de la poitrine.
Poussez la main gauche en courbe vers l'avant, en la faisant passer près du bras droit, paume tournée vers la droite.
L'attention est sur la « poussée en avant » de la main gauche.

4- Tournez le corps progressivement vers la droite.
Le poids du corps est sur la jambe droite. Avancez le pied gauche d'un pas, en posant d'abord le talon au sol. La main gauche continue sa « poussée » vers l'avant. Retirez la main droite (poing fermé) à côté de la taille, poing tourné vers le haut.
L'attention est sur la main gauche.

5- Le poids du corps passe progressivement sur la jambe gauche. Enracinez le pied gauche dans le sol. La jambe gauche est en forme d'arc, la jambe droite en position de soutien. Tournez le corps vers la gauche. En même temps, donnez un coup de poing de la main droite, poing tourné vers le haut. Retirez la main gauche légèrement vers vous, poignet en position « assise », doigts vers le haut et vers l'avant, à l'intérieur de l'avant-bras droit.
Le regard est droit devant soi.
L'attention est sur le coup de poing droit.

CONSEILS

1. Pour faire les pas successifs en avant, ayez la légèreté et la souplesse des pas d'un chat devant une souris. Le premier pas du pied droit doit être plus large qu'un pas ordinaire. Gardez le corps bien droit et évitez tout balancement.
2. Les mouvements des pas et les coups de poing doivent être synchronisés avec la rotation de la taille.

1

2

3

4

5

83-Fermeture apparente

1- Faites un pas en arrière en pliant la jambe droite. Le poids du corps va progressivement sur la jambe droite. Simultanément, dirigez la main gauche vers la droite en la faisant passer au-dessous du coude droit, poignet en position « assise », paume tournée vers vous.
Ouvrez le poing de la main droite, coude plié, et descendez le bras droit en courbe vers soi, paume tournée vers l'intérieur.
2- Croisez les deux bras au niveau des épaules, les doigts vers le haut.
Séparez les deux mains vers les deux côtés, paume droite tournée vers la gauche, paume gauche tournée vers la droite (la distance entre les deux mains doit être plus petite que la largeur des épaules).
3- Le poids du corps est entièrement sur la jambe droite. Reculez les deux bras en même temps que le buste.
4- Le poids du corps va progressivement sur la jambe gauche (en forme d'arc). Simultanément, poussez les deux mains vers l'avant (« an »), les deux poignets en position « assise », paumes tournées vers l'extérieur obliquement.
L'attention est sur l'action « an » des mains.

1

2

3

4

84-Croisez les mains

1- Pivotez le pied gauche sur le talon à 90° vers la droite et tournez le corps vers la droite. Le poids du corps passe progressivement sur la jambe droite.
La main droite décrit un arc de cercle vers la droite en passant au niveau du visage, paume tournée vers l'extérieur. Le pied gauche n'a pas bougé.
Le regard est droit devant soi.
2- Passez progressivement le poids du corps sur la jambe gauche. Levez lentement le pied droit (le talon en premier, puis le reste du pied) et placez-le parallèlement au pied gauche, en posant sur le sol la pointe, puis posez le reste du pied. Simultanément, descendez les deux mains, paumes tournées vers l'intérieur, et croisez-les au niveau de la poitrine, main droite en avant de la main gauche (gardez une distance d'environ 20 cm entre les mains croisées et le buste). En posture finale, le poids du corps est uniformément réparti sur les deux jambes.
Le regard est sur les mains, puis droit devant.

85-Phase finale et retour au point de départ

1- Avancez les deux mains et séparez-les de la largeur des épaules, paumes tournées vers le ciel.
Retournez-les vers le sol et descendez les deux bras, doigts vers l'avant, jusque devant les cuisses en position « assise ».
2- Relâchez les mains et les bras ainsi que le corps tout entier.
Le regard est droit devant soi.

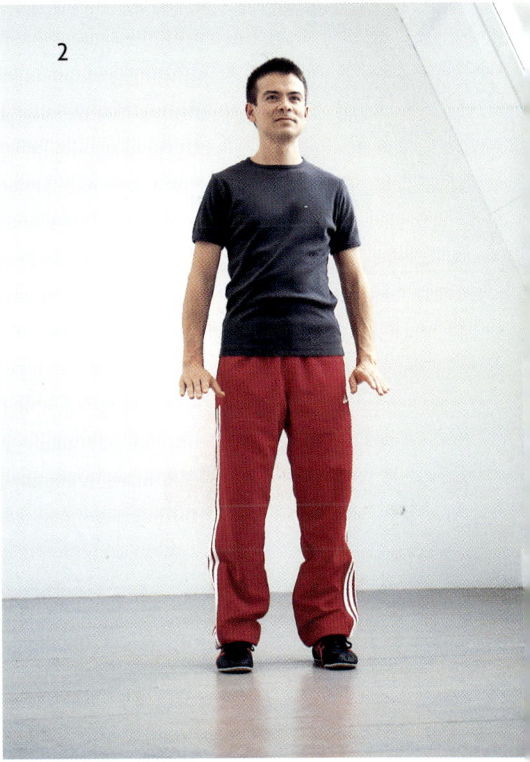

Remerciements

James Kou remercie Monique Sangnier qui lui a fait aimer le taï chi chuan.
Éric Yiou remercie Marie-Elisabeth Gu Gong Ping.
L'éditeur remercie M. Yiou Tchiu-Pung pour la calligraphie en page de titre.
Merci à Adidas et Tai-chi Onitsuka Tiger par Asics.

Imprimé en France par Mame
Dépôt légal : septembre 2008
ISBN : 978-2-501-05160-6
40 8635 1/01